목표를 장악하는 자가
성과의 주인이 됩니다.
귀하의 밝은 내일을 **응원**합니다.

_____님께

_____드림

목표

정조준의 법칙

목표
정조준의
법칙

2011년 12월 12일 초판 1쇄 발행 ┃ 2012년 1월 17일 2쇄 발행
지은이 · 류랑도

펴낸이 · 박시형
책임편집 · 권정희

경영총괄 · 이준혁
마케팅 · 권금숙, 장건태, 김석원, 김명래, 탁수정
경영지원 · 김상현, 이연정, 이윤하
펴낸곳 · (주)쌤앤파커스 ┃ 출판신고 · 2006년 9월 25일 제313-2006-000210호
주소 · 서울시 마포구 동교동 203-2 신원빌딩 2층
전화 · 02-3140-4600 ┃ 팩스 · 02-3140-4606 ┃ 이메일 · info@smpk.kr

ⓒ 류랑도 (저작권자와 맺은 특약에 따라 검인을 생략합니다)
ISBN 978-89-6570-048-7(03320)

• 잘못된 책은 바꿔드립니다. • 책값은 뒤표지에 있습니다.

쌤앤파커스(Sam&Parkers)는 독자 여러분의 책에 관한 아이디어와 원고 투고를 설레는 마음으로 기다리고 있습니다. 책으로 엮기를 원하는 아이디어가 있으신 분은 이메일 book@smpk.kr로 간단한 개요와 취지, 연락처 등을 보내주세요. 머뭇거리지 말고 문을 두드리세요. 길이 열립니다.

목표
정조준의
법칙

**반드시 성과가 나오는
목표설정의 비밀**

| 류랑도 지음 |

6

프롤로그 ◎ 목표가 성과창출의 전부다 **008**

책을 읽기 전에 ◎ 이 책의 조감도 **014**

01 조감도의 법칙
BIRD'S EYE VIEW

목표가 완성되었을 때의 청사진을 펼쳐 보여라

1 똑같이 이해할 수 있도록 목표를 형상화한다 **024**
2 누구나 공감할 수 있도록 목표를 수치화한다 **040**
3 무엇을 공략할지 핵심타깃을 클로즈업한다 **050**

02 까치발의 법칙
TIPTOE WALKING

내 역량이 닿을 수 있는 가장 높은 곳을 지향하라

1 목표는 안이하지 않고 허황되지 않게 **060**
2 몸값과 역량, 그것이 목표의 기준이다 **072**
3 자원의 크기가 목표수준의 높이다 **080**

03 역계산의 법칙
BACKWARD SCHEDULING

미래가 현재의 계획을 지배하게 하라

1 과거가 아닌 미래와 비교하여 현재목표를 정한다 **090**
2 기회와 위협, 미래변수를 현재목표에 반영한다 **102**
3 연간목표가 오늘 하루를 이끌어간다 **114**

캐스케이딩의 법칙
CASCADING
목표는 아래로, 전략은 위로 흐르게 하라

1 목표를 인수분해하여 하위목표로 부여한다 126
2 타깃전략을 수립하여 상위조직과 합의한다 140
3 목표 간의 균형감각으로 미래와 현재를 동시에 밝힌다 150

악어새의 법칙
EGYPTIAN PLOVER BIRD
나를 뛰어넘어 전체의 파이를 키워라

1 공헌목표, '부분 최적화'보다 '전체 최적화'를 지향한다 160
2 사업부서의 니즈와 원츠가 지원부서의 목표다 172
3 선행부서는 후행부서의 요구사항을 반영한다 180

오케스트라의 법칙
ORCHESTRA
각자에게 맞는 책임으로 하모니에 동참하라

1 리더는 목표를 부여하고, 전략을 코칭한다 192
2 실무자는 전략을 수립하고 자원을 계획한다 200
3 리더와 실무자, 같은 곳을 다른 초점으로 바라본다 210

에필로그 ◎ 내일의 성공을 눈앞에 디자인하라. 그것을 정조준하라 220
체크리스트 ◎ 목표를 정조준하기 위한 진단 체크리스트 226

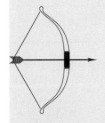

목 표 가   성 과 창 출 의   전 부 다

성과를 내지 못하면 사람들은 으레 '실행'을 탓한다.

"내 능력이 부족해서…."

"갑자기 예상치 못했던 이슈가 터지는 바람에…."

"자금이 조금만 받쳐줬어도 성공할 수 있었는데…."

우리는 어릴 때부터 아무리 좋은 목표와 계획이 있더라도 실천하지 않으면 아무 쓸모가 없다고 배워왔다. 맞는 말이다. 그래서 모두들 실행하는 데 열심이다. 실패할 때 하더라도 '해보지도 않았다'는 말은 듣기 싫은 것이다.

하지만 모든 문제가 실행에만 있을까?

물론 환경요인, 충분하지 못한 자원지원, 경험부족 등의 원인으로 성과가 부진할 수도 있다. 그러나 이것이 100%는 아니다. 좀 더 깊숙이 들어가보면 새로운 사실을 알게 된다.

실행력이 부족한 사람들은 대체로 3가지 공통점을 보인다.

첫째, 왜 해야 하는지에 대한 동기가 명확하지 않다.

둘째, 무엇부터 해야 할지 몰라 혼란스러워한다.

셋째, 하고 나면 무엇이 좋은지를 스스로도 잘 모른 채 시작한다.

이 말은 무슨 의미일까? 일을 통해 얻고자 하는 의도와 목적, 제공하고자 하는 고객가치가 무엇인지 모른다는 뜻이다. 이런 상태로 짜는 사업계획이란 그저 기계적으로 매출목표나 해야 할 일의 실행목표를 적어놓는 데 급급할 뿐이다. 계획을 짜는 본인조차 믿지 못하는 계획이 양산되는 것이다.

누구나 좋은 성과를 거두고 싶어 한다. 그래서 다들 열심히 일한다. 그런데도 실행력이 떨어지고 성과를 거두지 못하는 이유는 무엇일까? 수많은 이유가 있겠지만, 가장 중요한 것은 바로 애초에 목표를 제대로 조준하지 못했기 때문이다.

아무리 역량이 뛰어나더라도 목표가 명확하지 않으면 원하는 성과를 낼 수 없다. 탁월한 성과를 창출하는 사람들은 자신의 일을 통해 조직이나 고객에게 제공해야 하는 가치와, 자신이 기대하는 바를 정확히 알고 있다. 아울러 목표를 달성하기 위해 누구를 대상으로 어떻게 접근해야 하는지 구체적인 달성전략을 마련해두고 있다. 자신이 무엇을 겨냥하고 있고, 목표를 맞히기 위해 활을 쏠지 총을 쏠지 정확히 알고 있으니 탁월한 성과를 거두는 것은 당연할 터. 결국 성과를 달성하는 사람과 그렇지 못한 사람의 차이는 목표를 명확하게 보고 있느냐, 아니면 뿌연 안개 속에 놓아둔 채 출발하느냐의 차이라 할 수 있다. 제대로 성과를 내기 위해서는 제대로 실행해야 하고, 제대로 실행하기 위해서는 먼저 제대로 조준해야 한다.

그렇다면 어떻게 목표를 제대로 조준해야 할까? 매년, 매달, 매 프로젝트 때마다 정기행사처럼 목표를 수립하지만, 실상 목표를 정확히 세우는 이들은 많지 않다. 지난 번 양식을 적당히 베껴서 주요 문안만 바꾸는 재탕, 삼탕식 목표가 횡행하기 일쑤다. 엉터리 사업계획이 난무하지만, 누구 1명 똑 부러지게 '이렇게 하라'고 가르쳐주지도 않는다.

여러분도 이런 처지라면, 이 기회에 다시 한 번 생각해보자. 목표를 세울 때 여러분은 다음의 사항을 숙지하고 있는가?

첫째, 여러분은 목표설정의 중요성을 진정으로 느끼고 있는가?

지금 세우는 것이 얼마나 중요한 목표인지를 스스로 깨닫고 있는지 확인해야 한다. 남들이 세운 그럴듯한 목표를 가져다놓은 것은 아닌지, 사람들에게 자랑하고 싶은 목표를 진열해놓은 것은 아닌지 생각해 볼 일이다.

둘째, 여러분은 목표를 건물의 조감도처럼 제대로 디자인하는가?

'매출액 500억 원, 신규거래처 10곳 확대, 원가절감액 3억 원, 생산성 10% 향상, 핵심인재 10명 확보'처럼 명확한 수치로 표현되어 있다고 해서 '정조준된 목표'라고 할 수 있을까? 아니다. '어떻게'에 대한 설명이 포함돼 있지 않다면, 이는 마치 어린아이들이 무슨 뜻인지도 모른 채 어른들의 말을 따라 하는 것과 비슷하다. 목표를 적어놓고도 막상 그 목표가 무엇을 의미하며 그 모습이 어떨지 구체적으로 설명할 수 없다면, 그것은 명확한 목표라 할 수 없다.

셋째, 여러분은 선택하고 집중해야 할 세부타깃별로 전략을 세우는가?

전략이란 목표에 따라 자원을 집중해야 할 세부과녁을 결정하고, 타깃공략 방법을 정하는 것이다. 목표를 달성하기 위해 어떤 전략에 집중해야 하는지를 모른다면, 목표는 액자 속의 구호처럼 죽은 언어가 될 뿐이다.

여러분은 어떠한가?

눈앞에 선명하게 보이는 목표를 가지고 사는가?

혹시 '목표 따로, 실행 따로'의 상태에서 괴로워하고 있지는 않은가?

정말 자신이 절실히 원해서 세운 목표를 달성하며 살아가고 싶은가?

그렇다면 목표를 제대로 세우는 방법부터 훈련하라.

유시유종^{有始有終}, 시작이 좋아야 끝이 좋다.

반복된 실패를 계속하는 것은 목표를 제대로 세우지 못했기 때문이다.

그러니 무리하게 행동만 앞세우지 말고, 먼저 목표를 명확하게 세워라. 그렇다면 성과의 90%는 달성된 것이나 마찬가지다.

__안국동 협성재에서
류랑도

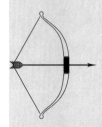

이 책 의 조 감 도

이 책의 목적은 분명하다. 어떻게 목표를 세우고, 그것을 달성하기 위해 무엇을 해야 할지 안내하고, 실행으로 옮길 수 있도록 의욕을 북돋는 것이다. 그 방법으로 이 책은 6가지 법칙을 제시한다.

첫째, 목표를 디자인하는 **조감도의 법칙**에 대해 정리했다. 이 법칙은 목표를 수립하는 6가지 법칙 가운데서도 가장 중요하다. 자신이 일을 통해 이루고자 하는 목표의 모습을 눈앞에 생생히 떠오르도록 구체화함으로써 목표에 대한 '신뢰성'을 확보하는 방법을 일러주기 때문이다. 특히 이 장에서는 일의 의도와 목적을 구체적으로 그려보고, 이를 수치화하여 뚜렷하게 나타내야 한다는 점을 강조할 것이다. 아울러 '타깃'에 대해서도 설명하고 있다. 목표를 달성하는 데 결정적인 영향을 미칠 핵심타깃을 선택하고 집중한다는 것이 구체적으로 어떤 것인지 알아보았다.

둘째, **까치발의 법칙**에서는 우리가 세워야 할 목표의 수준에 대해 생각해볼 것이다. 목표수준을 정할 때는 무엇보다 자신이 조직에서 대우받고 있는 처우를 기준으로 해야 하며, 아울러 자신에게 주어진 역량과 자원을 고려해야 한다. 이렇게 해야 자신뿐 아니라 남들도 '납득' 할 수 있는 목표가 만들어진다.

셋째, **역계산의 법칙**에서는 '현재는 미래가 결정한다'는 인식을 바탕으로 미래목표를 중심으로 현재목표를 설정하는 방법을 알아본다. 이때 유용하게 쓰이는 틀이 바로 잘 알려진 SWOT분석이다. 아울러 미래목표에 도달하기 위해 사전에 달성해야 할 선행목표를 일상업무에서의 목표와 연계하여 동시에 관리하는 방법을 설명한다.

넷째, **캐스케이딩의 법칙**에서는 상위조직과 하위조직 간에 목표를 배분할 때 전략적 연계성을 공고히 하는 방법에 대해 설명한다. 말하자면 단순히 부서별 또는 개인별로 목표를 물리적으로 나눠 갖는 것이 아니라 화학적 인수분해를 하는 것이다. 또한 타깃을 구체화하고 고객의 니즈^{needs}와 원츠^{wants}를 목표에 반영하는 방법을 알아볼 것이다.

다섯째, **악어새의 법칙**에서는 지원부서나 선행부서가 상위조직의 목표달성에 기여하는 방안과, 사업부서와 후행부서의 니즈와 원츠를 고려하여 목표를 설정하는 방법에 대해 설명한다.

여섯째, **오케스트라의 법칙**에서는 마치 오케스트라에서 서로 다른 역할을 수행하는 단원들처럼, 리더와 실무자의 임무와 역할이 다르다는 점을 환기시키고 임원과 팀장, 그리고 팀원 간에 목표와 역할을 조화시키는 방안을 소개한다.

목표 정조준 6대 법칙

목표 디자인 방법	**1법칙** │ 조감도의 법칙	신뢰성
목표수준 결정방법	**2법칙** │ 까치발의 법칙	납득성
목표설정방법	**3법칙** │ 역계산의 법칙 **4법칙** │ 캐스케이딩의 법칙 **5법칙** │ 악어새의 법칙	타당성
목표설정 역할분담 방법	**6법칙** │ 오케스트라의 법칙	납득성

종합적으로 단계별 적용법칙을 보면 다음과 같다.

가장 먼저 미션과 핵심가치를 통해 조직의 존재목적을 명확히 한다. 그런 다음 미래의 특정 시점에 목적을 이루었을 때의 모습을 마치 건물의 조감도처럼 그려낸다. 이것이 바로 비전과 중장기목표다. 이때 '조감도의 법칙'을 적용하여 구체적인 구성요소와 조건, 상태 등으로 묘사해야 한다.

그다음에는 자신의 몸값과 역량에 맞게 도전적이되 실현 가능하게 목표수준을 결정한다. 만약 부족한 역량이 있다면 지속적으로 보완하는 것까지 목표에 반영해야 하는데, 이것이 곧 '까치발의 법칙'이다.

3~5년 후의 중장기목표를 달성하기 위한 중간거점으로 우리는 올해의 목표를 수립하게 된다. 이처럼 미래목표를 기준으로 현재의 목표를 설정하는 것을 '역계산의 법칙'이라 한다. 아울러 일상목표를 연간목표와 연계시켜 실행하는 것도 역계산의 법칙에 포함한다.

상위의 목표가 결정되고 나면 이를 달성하기 위해 선행되어야 할 목표들을 도출해 하위조직에 내려 보내게 된다. 마치 폭포수가 위에서 아래로 떨어지는 것처럼, 상위 목표를 인수분해하여 하위조직의 목표로 부여하는 것을 '캐스케이딩의 법칙'이라 한다. 이는 목표를 전략적으로 하향배분하는 것과, 전략을 상위조직과 합의하는 것을 동시에 의미한다. 따라서 캐스케이딩 법칙에서는 목표달성을 위한 공략타깃을 명확히 해야 함을 특히 강조한다.

목표는 고객의 니즈와 원츠를 담은 결정체다. 따라서 외부고객을 만족시키기 위한 요구사항을 담는 것은 당연하며, 외부고객을 만족시키기 위해서는 영업현장과 고객접점에 있는 사업부서의 요구사항을 목표에 반영해야 한다. 이것이 바로 '악어새의 법칙'이다. 이 법칙은 비단 외부고객만 염두에 둔 것이 아니다. 업무 결과물을 인계받을 후행 프로세스 담당자 또한 내 고객으로 인식하여 후행부서의 요구사항을 목표에 반영하도록 노력해야 한다.

끝으로 각 조직의 리더와 실무를 담당하는 구성원은 각자의 역할이 다른 만큼 공헌해야 할 목표도 서로 다르다. 리더는 목표를 부여하고 전략을 코칭하며, 구성원들은 부여받은 목표를 달성할 수 있도록 주어진 자원 내에

목표 정조준 단계별 적용법칙

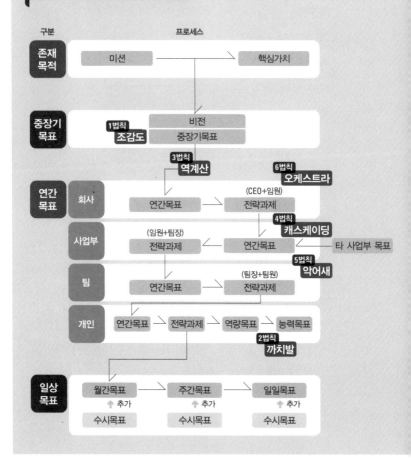

서 전략을 수립해야 한다. 이것이 바로 '오케스트라의 법칙'이다.

본문에는 독자들이 목표를 제대로 이해하고 정조준하는 데 도움을 주기 위해 그동안 내가 자문하고 접한 수많은 조직 현장의 사례를 담았다. 그리고 6가지의 각 법칙이 끝날 때마다 해당 법칙을 요약하였으니 다시 한 번 되새겨보는 시간을 가지기 바란다. 아울러 책 말미에는 각자가 목표를 얼마나 정조준하고 있는가를 진단할 수 있도록 체크리스트를 준비했다. >226쪽 참조

이 책이 여러분에게 당장 해야 할 목표를 제시해주지는 않는다. 다만 자신의 목표를 수립하고 이를 달성하는 법을 가르쳐줄 뿐이다. 나는 여러분이 자신의 일을 통해 달성하고자 하는 목표를 눈에 보이듯이 구체화하고, 적정 목표수준을 설정하고, 목표를 달성하기 위한 역할과 책임에 대해 새롭게 인식하기를 바란다. 남이 시키니까 어쩔 수 없이 목표를 떠맡는 수동적인 사람이 되기보다는, 스스로 도전적인 목표를 설정하고 이를 구체화함으로써 능동적으로 성과 높은 인생을 계획하기 바란다.

01
조감도의 법칙
BIRD'S EYE VIEW

목표가 완성되었을 때의 청사진을 펼쳐 보여라

1

—

똑같이 이해할 수 있도록

목표를 형상화한다 —

'간절히 원하면 이루어진다', '생생하게 상상하면 꿈이 현실로 바뀐다'는 말이 있다. 언뜻 억지스러워 보이는 이 말이 진실인 이유는, 사람이란 자신이 이루고자 하는 모습을 늘 염두에 두고 있으면 자연히 모든 생각을 집중시킴으로써 미래 모습에 가까워지려고 노력하게 되기 때문이다. 즉 최종 결과물의 이미지를 명확하고 선명하게 그릴 수 있다면 잠재의식이 활성화되면서 점차 의욕과 의지가 생기고, 열정이 솟아나게 되며, 해야 할 일들도 막연하지 않고, 이루고자 하는 미래 모습에 직접적으로 관련되는 것에 집중하게 된다. 그렇게 스스로를 채찍질하여 성공에 가까워지는 것이다.

이 말을 뒤집어보면 '언젠가는 이루어지겠지' 하는 막연한 기대만으로는 어떤 것도 이룰 수 없다는 뜻이 된다. 그러다가는 오히려 원하는 미래상에서 멀어질 뿐이다. 자신의 목표가 건물의 조감도처럼 구체적이지 않으면 무엇을 어떻게 해야 할지 실행방법을 알 수 없고, 결국 실현 가능성도 희박해진다.

개인이나 조직이 나름대로 열심히 일해도 이루고자

하는 목표를 제대로 달성하지 못했던 이유도, 대부분 조감도의 법칙을 유념하지 않았기 때문이다.

그렇다면 구체적으로 문제가 어디에 있는지 하나씩 살펴보자.

첫째, 리더의 머릿속에 자기 조직의 목표에 대한 조감도가 분명히 새겨져 있지 않다.

조직을 경영함으로써 이루고자 하는 미래의 기대상을 생생하고 구체적으로 그리고 있어야 구성원들에게 적합한 임무와 역할을 부여할 수 있을 것 아닌가? 그러나 그렇지 못한 리더들이 예상 외로 많다. 여전히 많은 리더들이 구성원들에게 각자의 목표를 스스로 세워보라고 한다. '팀원들이 다들 열심히 하면 팀의 목표는 자연스럽게 달성되겠지' 하는 낙관론이 발동된 결과다. 여기에 '실행할 사람이 스스로 목표를 세워야 실행력이 높아지고 공감대 형성도 쉽다'는 논리가 가세된다.

그러나 막연한 낙관론은 금물이다. 목표란 무엇인가? 업무수행을 통해 미래의 어느 시점에 달성하고자 하는,

고객의 니즈와 원츠를 담은 아웃풋 이미지다. 업무를 직접 실행하는 이들은 일을 어떻게 하면 잘할 수 있을지에 대해서는 뛰어날지 몰라도, 전체 그림을 보고 목적지를 조망하는 통찰력은 리더에 비해 한계가 있을 수밖에 없다. 따라서 조직이나 구성원들에게 목표를 부여하는 주체는 실무자가 아니라 통찰력을 갖춘 리더가 되어야 한다.

그러나 현실적으로 대부분의 조직에서 목표를 설정하는 주체는 실무 구성원들이다. 더구나 많은 기업들이 ERP시스템을 도입하다 보니 목표를 설정하는 프로세스가 시스템화돼 이루어지는 경우가 많아, 실무 구성원들이 1차적으로 목표를 입력하면 그것을 바탕으로 리더들과 협의하는 것이 일반적이다.

이러한 현실을 인정한다 하더라도 리더들은 최소한 팀 목표를 설정하는 배경과 팀 목표가 달성되었을 때의 모습에 대해 세부 구성요소 중심으로 구성원들과 공감대를 형성하고, 팀 목표달성에 직접적으로 관련되는 개인 목표를 짚어줘야 한다. 그러고 나서 구성원들이 스스로 자신의 목표를 세우고 리더와 협의하도록 해야 한다.

그럼에도 만약 리더들이 구성원들에게 자신이 맡고 있는 업무실적을 바탕으로 먼저 목표를 세워보라고 하면 어떤 일이 벌어지는가?

전체적인 목표와 가이드라인을 그려주지 않으면 구성원들은 급한 대로 자신의 업무를 기준으로 목표를 세울 것이다. 그 결과 개개인은 열심히 자신의 목표를 향해 최선을 다했는데 조직의 목표와는 전략적 연계성이 미흡한 엉뚱한 결과물을 내놓게 된다. "그렇게 바쁘다, 힘들다 하더니, 고작 이거 한 거야?" 이렇게 구성원을 야단칠 상황이 발생했다면, 무턱대고 짜증부터 내기 전에 리더 본인이 전체적인 목표의 그림을 그려줬는지 자문해봐야 할 것이다.

개별 팀원들 목표의 합이 팀의 목표가 되는 것은 결코 아니다. 팀장은 회사의 목표달성에 기여해야 할 팀 차원의 목표를 상태, 조건, 세부 구성요소 등 구체적인 형태로 제시해야 한다. 이를 바탕으로 팀원들의 목표를 부여해야 한다.

둘째, 구성원들이 자신의 목표를 명확하게 그려놓은 조감도를 갖고 있지 않다.

목표의 타깃과제를 정확히 알지 못하니 구성원들은 타깃과 상관없이 자신이 할 일만 하고, 결국 열심히 노력은 했는데 그 일이 목표달성으로 이어지지 않고 헛발질만 하다 끝나는 경우가 적지 않다. 성과달성은커녕 애꿎은 자원만 낭비하는 셈이다.

업무수행의 목적지가 조감도처럼 뚜렷하다는 것은 두 가지 의미를 내포하고 있다. 하나는 일을 통해 얻고자 하는 결과물의 구체적인 '구성요소'가 무엇인지 정확히 알고 있다는 것이며, 다른 하나는 고객에게 제공하고자 하는 '가치'가 무엇인지 먼저 생각했다는 것이다. 스스로 추구하고자 하는 가치를 명확히 하지 않은 채 목표를 제대로 세울 수는 없는 법이다.

셋째, 조감도를 그리듯 목표를 구체화했는데도 목표를 달성하지 못하는 경우도 더러 있다. 그 이유는 목표를 세우긴 했으나 궁극적으로 고객에게 어떤 가치를 제공할 것인지 본인조차 인지하지 못했기 때문이다.

유명한 '교회와 석공' 우화를 보면 쉽게 이해가 될 것이다. "지금 무엇을 하고 있는가?"라는 질문에 어느 석공은 "밥벌이를 하고 있다"고 했고, 두 번째 석공은 "이 나라에서 가장 좋은 교회를 짓고 있다"고 대답했다. 그때 다른 석공이 일하며 이렇게 말했다. "나는 사람들이 마음을 기댈 곳을 만들고 있다." 이 셋 중 어느 석공이 자신의 목표에 더욱 진지하게 정진하리라 생각되는가? 그렇다. 세 번째 석공이다.

이처럼 똑같은 일이라도 고객에게 제공하고자 하는 가치는 사람마다 다르다. 단순히 생계를 유지하기 위해 일하는 사람에게 고객의 가치라는 게 과연 중요할까? 그렇지 않다. 오히려 한 푼이라도 돈을 더 벌 수 있는 기회가 생기면 옳다구나 하고 자리를 옮길 것이다. 무엇을 위해 일하는지 깨닫고 목표를 수립하는 사람과, 당장 눈앞의 일을 해치우기 위해 목표를 세우는 사람 사이에는 큰 차이가 있을 수밖에 없다.

얼마 전 고객사에서 경영자문을 할 때의 일이다. 경영 전략회의에 참석한 기획담당 팀장은 '전략적 제휴'에 대한 목표와 전략을 열심히 브리핑했다. 전략적 제휴의 목표를 '제휴를 위한 벤치마킹 건수', '제휴 대상 기업 발굴 수' 등으로 제시하는 팀장에게 한 임원이 물었다.

"우리가 전략적 제휴를 하고자 하는 목적이 무엇인가요?"

그러자 팀장은 "새로운 마케팅 채널을 확보해 매출에 기여하기 위해서입니다"라고 했다. 그래서 내가 다시 물었다.

"그렇다면 목표는 '신규 제휴를 통한 매출액'이 되어야 하지 않을까요?"

내 질문에 팀장은 멋쩍은 얼굴을 하며 이렇게 대답했다. "하다 보니… 그 말씀이 맞네요. 수정하겠습니다."

자신이 조직이나 고객에게 어떤 고객가치를 제공해야 하는지 모르면, 일을 통해 달성하고자 하는 궁극적인 목적보다는 수단이나 과정에 치우치게 되기 쉽다. 제휴를 통해 이루고자 하는 가치는 뭐니 뭐니 해도 새로운 채

널에서 신규 매출을 창출하는 것이다. 이를 위한 수단이 전략적 제휴이지, 제휴 그 자체가 목적일 수는 없다. 이처럼 수단에만 집착하게 되면 자신의 원래 목적을 잊어버리고 만다. 자신이 제공해야 할 고객가치는 고민하지도 않고 무조건 방법이나 해야 할 일부터 채워나가니, 그 방법들이 효력을 발휘할 리 있겠는가.

리더도, 구성원도 자신들의 임무와 역할에 따라 그에 상응하는 성과를 창출해야 한다. 특히 리더는 자신이 직접 실무에 뛰어드는 것이 아니라 구성원들을 통해 성과를 달성해야 하기 때문에, 조직차원의 목표를 구성원들에게 공감시키고, 그 공감대를 바탕으로 각자가 달성해야 할 목표를 납득시키는 데 최선의 노력을 다해야 한다. 하다못해 목표를 연상시키는 상징물을 책상에 두고 일한다든지 해서라도 목표를 그림으로 그려보는 연습을 자주 해볼 필요가 있다.

그러나 안타깝게도 대부분의 사람들은 목표에 대한 근본적인 고민 없이, 그저 성공한 사람들을 부러워하며 막연히 '나도 저렇게 돼야지' 하고 결심하는 수준에서 그치고 있다. 그 결과 실현 가능성 없는 무리한 목표를 너무 쉽게 세우고, 너무 쉽게 포기해버리는 악순환이 반복된다.

　그렇다면 왜 사람들은 목표에 대해 구체적으로 구상하지도 않은 채 무턱대고 일부터 벌이는 것일까? 자신이 속한 조직과 담당업무에 대해 깊이 성찰하지 않기 때문이다. 자신의 혼과 의지를 불살라서 달성해야 할 목표라고 생각하기보다는, 마지못해 떠안은 과제라고 생각해 숙제 해치우듯 처리하는 데 익숙해졌기에 목표에 대해 성찰할 기회가 없었던 것이다. 리더 역시 목표의 구체적인 기준을 제시하고 구성원들의 창의적이고 혁신적인 실행 아이디어를 끌어내기는커녕 뜬구름 잡는 식의 업무지시만 할 뿐이니, 누구 1명 목표에 대해 진지하게 고민하지 않은 상태에서 무조건 '목표를 달성하라'고만 외치는 어처구니없는 상황이 벌어지는 것이다.

　세계적으로 유명한 경영전략가인 게리 해멀Gary Hamel은

경영성과를 창출하기 위해 조직에서 해야 할 혁신 가운데 가장 중요하고도 어려운 혁신이 '관리혁신'이라고 강조했다. '관리혁신'의 성공 여부는 리더가 조감도의 형태로 목표를 제시하고, 이에 대해 구성원들과 공감대를 형성하며, 목표달성전략을 구성원 스스로 수립하고 주도적으로 실행할 수 있도록 여건을 만드는 데 달려 있다.

그렇다면 좀 더 구체적으로 살펴보자. 목표의 조감도를 명확하게 그린다는 것은 무슨 말인가? 한마디로 목표의 숨구멍까지 묘사할 수 있어야 한다는 것이다.

목표를 입체적 조감도로 만드는 과정은 3단계로 나눌 수 있다. 우선 1단계에서는 업무수행을 통해 얻고자 하는 목적이 무엇인지 생각해본다. 2단계에서는 목적이 달성된 상태와 조건을 이미지화하고 목표를 구성할 핵심요소를 세분화한다. 그런 다음 3단계에서 목적이 달성된 상태를 가장 잘 측정하고 평가할 수 있는 지표나 변수를 생각해보고, 여기에 목표수준을 수치화하면 목표의 입체적 조감도가 완성된다.

예를 들어 어느 회사의 인사팀장이 올해의 최우선 목표를 '핵심인력 30명 확보'로 정했다고 하자. '핵심인력 30명 확보'라고 숫자로 표현하니 일견 구체적인 것 같지만, 이 정도로 목표가 제대로 설정되었다고 단정하기는 이르다. 과연 이 인사팀장의 머릿속에 '핵심인력 30명'에 대한 세부 구성요소가 직무별·경력별·필요 부서별로 형상화되어 명확하게 들어 있을까? 이것이 관건이다.

핵심인력 30명의 세부 타깃이 '프랜차이즈 영업인력 10명, 기획인력 5명, 마케팅 인력 7명, 디자인 인력 8명' 하는 식으로 리더의 머릿속에 구조화되어 있을 때 비로소 목표가 정조준되었다고 볼 수 있다. 물론 사업전략에 비추었을 때 각 부문의 인력이 어떤 역량을 갖고 있어야 하는지, 어느 시점까지 확보되어야 할지에 대한 전체적인 그림도 함께 그려져 있어야 한다. 만약 리더의 머릿속에 핵심인력이 무엇인지에 대한 개념정의도 되어 있지 않고 세부 타깃도 명확하지 않은 상태에서 그저 '핵심인력 30명 확보'가 목표라고 한다면? 열심히 노력하더라도 목표를 100% 달성할 가능성은 대단히 희박하다.

또 다른 사례를 보자. 기업들이 흔히 설정하는 목표 중 하나가 '원가절감'이다. 이 목표를 어떻게 조감도 형태로 만들 수 있을까?

우선 원가절감액을 구성하는 요인들을 타기팅하고, 각 타깃원가별 목표수준을 설정할 수 있어야 한다. 예컨대 그냥 '톤당 76원'의 절감액만 제시한다면 어느 공정에 얼마만큼의 자원을 집중해서 어떤 전략을 펼쳐야 하는지 알 수가 없다. 반면 직접제조원가에서 14원을 줄이고, 관리비 6원, 자재 13원을 절감하고, 미수금을 회수하여 3원, 제조공정의 효율성을 개선해서 40원에 해당하는 가치를 높이겠다는 세부 구성요소별 조감도를 갖고 있다면 어떻겠는가. 어느 부분을 집중적으로 공략해야 할지 명확하게 보일 것이다.

이처럼 입체적 목표를 세우기 위해서는 시장과 고객에 대한 이해는 물론, 시장에서 거래하고자 하는 제품/서비스에 대한 이해가 필수적이다.

조감도 형태의 입체적 목표

원가절감액
76원/톤

VS

원가절감액
76원/톤

평면적 목표

**조감도 형태의
입체적 목표**

타깃	세부타깃	목표수준
원가절감액 14원	연료비	7원
	소모품비	5원
	전력비	2원
관리비 절감액 6원	금융이자	5원
	차량유지비	1원
미수금 손실액 3원	미수금	3원
자재 절감액 13원	원재료 원가 이익	7원
	파생상품 이익	3원
	운송비	2원
	재고량 절감액	1원
생산성 향상액 40원	혼합비	40원

목표를 조감도 형태로 만든다는 것은 목표를 현실화한다는 점 못지않게 구성원과 공감대를 형성한다는 측면에서도 의미가 크다. 공감대를 형성하는 것이 성과창출의 핵심적인 기반조건임은 누구도 부인하지 않을 것이다. 아무리 작은 일이라도 함께 참여하면 구성원들도 책임감을 느끼게 되고, 목표를 달성하기 위해 노력을 배가하게 돼 있다. 반대로 아무리 잘 설정된 목표와 좋은 실행계획이라 하더라도 공감대가 형성되지 않고 겉돈다면 빛 좋은 개살구요, 속빈강정일 뿐이다. 목표를 설정하는데 정작 실무담당자가 소외된다면 다분히 수동적이고 냉소적인 분위기가 만들어지고, 실행단계에서 몰입도 이끌어내지 못한다.

자기 조직의 목표와 자신이 기여해야 할 임무와 역할 사이의 연관관계를 깊이 통찰할 때, 전체의 성과에 기여하기 위해 우리 팀과 내가 어떤 목표를 달성해야 하는지에 대한 근본적인 대답을 할 수 있다. 그런 진지함이 있어야 자신의 목표에 대한 조감도를 분명하게 세울 수 있다.

덧붙여 한 가지 더. 자신이 달성해야 할 목표를 리더나 구성원들에게 미루거나 혼자만의 기준으로 안이하게 해석하는 자세는 금물이다. 피터 드러커Peter Drucker는 "미래는 예측하는 것이 아니라 창조하는 것"이라고 말했다. 미래가 환경에 따라 만들어지는 수동적인 대상이 아니라, 주도적으로 목표를 설정하고 달성함으로써 스스로 만들어갈 수 있음을 강조한 것이다. 여러분이 원하는 미래상을 손에 잡힐 듯이 생생하게 그려내고, 그 모습을 구성원들과 공유한다면, 여러분 또한 여느 대가 못지않은 미래의 창조자가 될 수 있을 것이다.

2

누구나 공감할 수 있도록

목표를 수치화한다

목표를 설정할 때는 흔히 '120% 향상'과 같이 '숫자'가 동원된다. 이는 업무수행의 목적을 지표화하고 달성 수준에 대해 서로 동상이몽하는 부작용을 방지하는 유용한 장치다.

그런데 일부에서는 목표를 반드시 계량화할 필요는 없다고 생각하는 듯하다. 특히 행정업무를 주로 하는 공공기관이나 기업의 연구개발 조직, 경영지원 조직은 "내가 하고 있는 업무는 계량화하기 어렵다"고 말하며 상대적으로 목표를 숫자로 표시하는 작업을 낯설어한다. 물론 이들이 즉각적으로 성과가 드러나지 않는 업무를 담당하고 있다거나, 계량화하기 어려운 정성적 목표를 추구하는 특성은 있다. 그러나 자기 업무의 목적을 성과기준과 수치화된 목표수준으로 표현하지 못한다면 목표를 달성하기 어렵다.

이즈음에서 자신이 하는 일의 목표를 지표화하고 계량화하지 못한다는 것은 어떤 의미인지 진지하게 고민해볼 필요가 있다. 어떤 조직이든 특정 지향점이 있는 한, 조직에서 이루어지는 일은 모두 나름대로의 목적성을 갖게 마련이다. 한마디로 목적 없는 일은 없다는 뜻이다. 그러나 자신이 하는 일의 목적을 100% 이해하지 못하면 그것을 명쾌하게 설명하기 어렵다. 명확하게 수치화하기는커녕, 두루뭉술한 말만 중언부언 늘어놓으며 논점을 흐려놓기 일쑤다.

이 논리에 비추어볼 때 자신이 어떤 일을 하든 그것을 숫자로 말하지 못한다는 것은, 해야 할 일은 있는데 그 일의 목적은 자신도 잘 모르겠다는 뜻과 다르지 않다. 그러면서 마치 목표설정 기법에 문제가 있는 것처럼 "이걸 어떻게 숫자로 표현하느냐"고 되묻는 이들이 적지 않다. 심지어 "우리 일의 특성을 이해하지 못하고 무조건 숫자로 목표를 작성하라고만 한다"며 애꿎은 경영진을 원망하기도 한다.

목표를 설정할 때 가장 중요한 요건은 '신뢰성'이다. 한마디로 목표가 믿고 따를 만해야 구성원들을 동기부여하고 응집시킬 수 있다는 것이다. 그렇다면 신뢰성은 어디에서 나올까? 카리스마 넘치는 리더가 제시하는 목표라면 누구든 믿어줄까? 그렇지 않다. 구성원들이 충분히 이해하고, 나아가 '내가 동의한 내 목표'로 받아들일 수 있어야 한다. 그래야 자발적 동기부여가 되지 않겠는가. 우리가 목표를 설정할 때 공감대 형성에 주력하는 이유도 다르지 않다.

그렇다면 조직 전체에 '믿고 따를 수 있겠다'는 공감대를 형성하기 위해서는 목표가 어떤 조건을 충족시켜야 할까?

앞에서 설명한 것처럼 목표를 조감도 형태로 형상화하는 것도 한 가지 요건이다. 이와 더불어 필요한 것이 바로 '수치화'다. 숫자의 가장 큰 장점이 무엇인가? 바로 '측정 가능하고measurable, 예측 가능하다predictable'는 것일 터. 목표를 굳이 문자가 아니라 숫자로 표현하는 이유 또한 목표수준을 측정 가능하게 제시함으로써 리더와 구성원 간에 오해를 없애기 위해서다. 즉 '10개월 동안 90% 이상 달성했으니, 올해는 초과달성이 가능하겠다'는 식으로 스스로 목표를 예측하고 관리할 수 있도록 하기 위해서다. 정확한 수치를 사이에 두고 리더와 구성원 사이에 이견 없이 투명한 평가와 피드백을 주고받을 수 있음은 물론이다.

예를 들어 전사적으로 '업무 프로세스 개선'이라는 과제를 경영방침 중 하나로 세우고 경영지원본부의 정 본부장이 프로젝트를 진두지휘하게 되었다고 하자. 이에 정 본부장이 구성원들을 불러놓고 "올 한 해 우리의 전략 목표는 업무 프로세스를 확 바꾸는 것이다!"라고 선언했다고 해서 과연 올바르게 지침을 준 것일까? 업무 프로세스 개선을 위해 업무 매뉴얼을 작성하는 것이 목적인지, 아니면 업무 프로세스 개선을 통해 납기를 단축하는 것이 목적인지, 원가를 절감하는 것이 목적인지, 고객 클레임을 줄이는 것이 목적인지 듣는 사람에 따라 각자 해석해 오해가 생길 여지가 많다. 이래서는 일사불란한 전략과 실행이 뒤따를 수 없다.

그런 점에서 보면, 목표를 객관적이고 측정 가능한 수치로 계량화하는 것은 대단히 중요한 의미를 지닌다. 애매모호하게 추상적인 문자로 표현된 목표기준을 부여했을 경우, 자칫 리더와 구성원이 동상이몽하여 누구도 원하지 않는 쓸모 없는 아웃풋이 만들어질 위험마저 있기 때문이다.

실제로 우리 주위에는 리더의 복심腹心을 읽지 못해 엉뚱한 곳에서 열심히 헤매는 사람들이 적지 않다. 일례로 내가 컨설팅한 어떤 기업에서는 '업무처리 표준화'라는 과제가 제시된 적이 있다. 그러자 실무자는 '실행 매뉴얼 작성 건수'를 목표기준으로 두고 일을 진행했다. 표준화를 위해서는 실행 매뉴얼을 빠짐없이 작성하는 것이 관건이라 생각한 것이다. 그러나 정작 리더가 생각한 목표는 표준화를 통해 업무처리시간을 3일 단축하는 것이었다. 이들의 성과가 과연 제대로 달성되었을까? 그럴 리 없다. 리더는 나름대로 상세하게 목표와 과제에 대해 설명해줬다고 생각했는데 실무자는 전혀 다른 일을 하고 있다며 무척이나 답답해했다. 설상가상으로 재작업을 할 시간조차 촉박하다면, 그때의 난감함이 어떨지는 충분히 상상이 될 것이다.

이런 상황을 미연에 방지하고 상호 커뮤니케이션을

원활히 하기 위해 생각할 수 있는 대안이 바로 '숫자' 중심의 소통이요, 목표의 계량화다. 숫자만큼 오해의 여지가 없는 커뮤니케이션은 없을 테니 말이다. 회계 전문가들이 회계용어를 'Language of Business', 즉 사업을 위한 언어라 부르듯이, 숫자 중심의 커뮤니케이션과 목표 계량화는 일종의 성과를 위한 언어, 즉 'Language of Performance'라 할 수 있다.

더욱이 만약 목표를 달성할 수 있겠다고 예측된다면, 구성원들은 애초에 의도한 목적지를 향해 본인의 모든 에너지를 쏟아내게 될 것이므로 이보다 강력한 동기부여는 없다. 따라서 리더라면 목표를 설정할 때 '수치'의 효용을 십분 활용할 필요가 있다.

특히 연구개발 또는 지원부서처럼 성과가 눈에 잘 드러나지 않는 불확실하고 정성적인 업무를 책임지고 있다면 더욱 목표를 계량화하고 수치화하는 데 노력해야 한다. 그래야 도달해야 할 목표기준에 대한 서로의 아웃풋 이미지를 공유하고 통일시킬 수 있다.

예컨대 '역량중심의 채용시스템 구축'이라는 목표를 한번 생각해보자. '역량중심의 채용시스템 구축'이라는 형태로 과제만 달랑 제시하거나 단순히 시스템 구축의 실행 완성도를 체크하는 수준에서 만족해야 할까? 그보다는 '현업 부서장 불만인원 5명 미만', 또는 '입사 1년 미만 이직인원 3명 이하'와 같이 전략과제가 본질적으로 의도하는 목적을 지표와 수치목표를 가미해 구체적으로 표현해야 목표수준이 정확히 공유된 바람직한 형태라 할 수 있다.

그러나 여전히 많은 기업들이 목표를 수치화하는 데 취약하다. 연간목표나 반기목표는 어느 정도 수치화한 반면, 분기별 업무계획이나 월간업무계획, 주간업무계획을 보면 대부분 과제를 문자 형태로 나열한 경우가 많다. 당연한 말이지만, 연간목표나 반기목표를 달성하기 위해서는 분기목표나 월간목표를 수치화하는 것 또한 매우 중요하다. 단기목표가 수치화되지 않으면 구체적인 실행 또한 시기별 목표수준보다는 일상적인 '할 일' 중심으로 진행될 수밖에 없기 때문이다. 그 결과 연간목표와 반기

목표를 애써 수치화한 보람도 없이, 열심히 일하고도 별다른 성과를 거두지 못하는 구태를 답습하게 된다.

　정리해보자.

　형식만 그럴듯한 '무늬만 목표'는 성과를 내는 데 아무런 도움도 되지 않는다. 목표를 사이에 두고 리더와 구성원 간에 '신뢰'라는 든든한 연결고리가 형성되어야 비로소 성과창출을 향해 달려갈 출발점에 선 것이라 할 수 있다. 그 신뢰란 상위조직이 생각하는 목표를 구성원들이 다른 오해 없이 동일하고 일관되게 받아들이는 것에서부터 시작된다. 목표에 대해 서로가 신뢰하면 목표달성 정도를 스스로 점검해서 평가결과를 예측할 수 있게 되고, 이는 다시 평가에 대한 만족도를 높여줌으로써 성과달성에 따른 보상에 대한 신뢰도까지 높아지는 연쇄효과로 이어진다.

　그런 만큼 이제는 목표를 수치화된 형태로 명확하게 표현하여 공감대를 형성하는 노력을 게을리하지 말자. 구성원들의 마음속에 '아, 쉽지는 않겠지만 저 목표만

달성한다면 정말 좋겠다'는 마음이 들게끔 목표를 설계
한다면, 동기부여는 이미 절반 이상 성공한 것이나 다름
없다.

3

무엇을 공략할지

핵심타깃을 클로즈업한다

'파레토의 법칙^{Pareto's Law}'은 다들 익히 들어보았을 것이다. 상위 20%의 구성요소가 전체 성과의 80%를 결정한다는 이 법칙은 '선택과 집중'의 중요성을 새삼 깨닫게 한다. 예를 들어 2010년 4월부터 12개월간 통신기술 개발회사인 A사의 광고를 노출하는 어플리케이션 총 수익을 기준으로 순위를 정렬한 결과, 상위 5% 이내의 어플리케이션이 전체 수익의 63%를, 상위 20%가 전체 수익의 80% 이상을 차지하는 것으로 나타났다. 파레토 법칙이 현실에서 한 치의 오차도 없이 들어맞는 것을 볼 수 있다.

이런 상황에서 만약 여러분이 어플리케이션을 담당하는 관리자라면 어떻게 하겠는가? 당연히 수익이 높은 어플리케이션이 많이 노출될 수 있도록 할 것이다. 한발 더 나아가 만약 오프라인 매장에서 이런 현상이 벌어진다면, 수익이 낮은 상품은 아예 진열대에서 치우고 주요 상품이 돋보이게 할 것이다. 이것이 우리가 일상적으로 접하는 선택과 집중의 사례다.

선택과 집중은 목표를 설정할 때도 반드시 염두에 두어야 할 황금률이다. 목표를 달성하는 과정에 영향을 미치는 수많은 구성요소들 가운데 가장 결정적인 것이 무엇인가? 이것을 정확히 안다면 가장 우선시해야 할 타깃을 겨냥할 수 있다. 말 그대로 목표를 정조준할 수 있는 여건을 갖춘 셈이다.

사람들은 흔히 가장 덩치가 크고, 가장 눈에 띄는 것을 핵심타깃으로 설정한다. 예컨대 이번 달에 우리 본부가 달성해야 할 목표가 '신제품 매출액 100억 원'이라 가정해보자. 그래서 100억 원을 어떤 지역, 어떤 고객, 어떤 상품을 통해 달성할 것인가에 대한 조감도를 그려보았다. 그 결과 미주지역에서 A제품으로 30억 원, 유럽에서 B제품으로 20억 원, 동남아에서 D제품으로 20억 원, 국내시장에서 C제품으로 30억 원을 달성해야겠다는 그림이 나왔다. 이 중에서 나의 핵심타깃은 무엇인가? 규모로만 따지자면 미주지역과 국내시장이 핵심타깃이라 할 것이다.

그러나 이것이 과연 옳은 판단일까? 과거 성과를 분

석해본바, 이들 시장은 지난해 수준으로만 관리하면 무난히 목표를 달성할 수 있다. 오히려 도전적인 목표가 잡힌 곳은 동남아 지역이다. 이 지역의 매출에 따라 전체 성과달성 여부가 좌우되는 만큼, 나의 핵심타깃은 동남아 지역이 되어야 한다.

누구나 조직에서 목표를 달성하여 인정받고 싶어 하지만, 막상 뜻대로 되지 않는다고 한숨을 쉰다. 그 이유는 내가 정말로 중요하게 생각하는 목표와 타깃을 제대로 모르기 때문이다. 볼링에서 스트라이크를 치기 위해서는 급소가 되는 5번 핀, 즉 '킹 핀'을 노려야 한다. 목표를 세울 때도 불도저같이 단순무식하게 밀어붙이는 것이 아니라 임계점critical point을 자극해야 한다. 우리가 전지전능한 신이라면 모든 것을 완벽하게 할 수 있겠지만, 인간인 이상 그럴 능력도 없을뿐더러 예산과 시간 등 주어진 자원도 항상 한정돼 있다. 필연적으로 무언가는 포기해야 한다는 뜻이다.

따라서 자신이 성과를 가장 높일 수 있는 목표를 골라

내고, 그 목표를 구성하는 조감도 내에서도 성과달성에 핵심적인 영향을 미치는 타깃 구성요소를 전략적으로 가려내는 것은 다른 무엇보다 중요한 일이다. 많은 사람들이 밤새워 어마어마한 양의 보고서를 작성하고도 정작 일을 잘했다고 평가받지 못하거나 원래 의도한 바에 부합하지 못한다는 핀잔을 듣곤 하는데, 이는 대개 목표 자체를 두루뭉술하게 세웠거나 그게 아니면 '선택과 집중'에 실패했기 때문이다. 즉 긴급하거나 중요하지 않은 곁가지 업무들에 너무 많은 힘을 소진한 나머지, 정작 우선 공략해야 할 핵심 20%의 타깃들을 소홀히 하여 그런 결과를 초래한 것이다.

그렇다면 핵심타깃을 정확히 설정하려면 어떻게 해야 할까? 예컨대 앞에서 언급한 '신제품 매출액 100억 원 달성' 목표에서는 성과달성 여부를 결정짓는 '동남아 지역 매출'을 핵심타깃으로 하고 세부적인 공략방법을 수립했을 때 비로소 목표가 정조준됐다고 할 것이다.

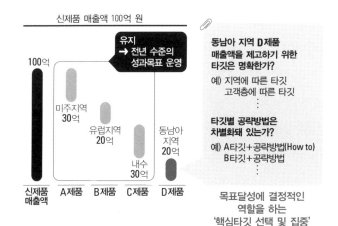

핵심타깃의 선택과 집중

신제품 매출액 100억 원

유지
→ 전년 수준의 성과목표 운영

100억

미주지역
30억

유럽지역
20억

내수
30억

동남아
지역
20억

신제품
매출액   A제품   B제품   C제품   D제품

동남아 지역 D제품 매출액을 제고하기 위한 타깃은 명확한가?

예) 지역에 따른 타깃
    고객층에 따른 타깃
    ⋮

타깃별 공략방법은 차별화돼 있는가?

예) A타깃+공략방법(How to)
    B타깃+공략방법
    ⋮

목표달성에 결정적인 역할을 하는 '핵심타깃 선택 및 집중'

비교적 많이 알려진 다음 사례를 통해서도, 목표를 달성하기 위해 핵심타깃을 우선 공략해야 하는 이유를 간접적으로나마 느낄 수 있다.

어떤 교수가 경영학과 학생들에게 강의를 하는 도중, 커다란 항아리를 테이블 위에 올려놓았다. 그리고 주먹만 한 돌을 꺼내 항아리에 하나씩 넣기 시작했다. 항아리에 돌이 가득 차자 그다음에는 조그만 자갈을 넣고, 그다음에는 모래를 부어 항아리를 가득 채워나갔다. 그 교수가 이야기하고 싶은 메시지는 무엇이었을까? 그것은 '만약 큰 돌을 먼저 넣지 않았다면, 이 큰 돌은 영원히 넣지 못한다'는 것이었다. 일을 수행하는 것도 마찬가지다. 목표달성에 결정적인 부분을 차지하는 핵심요인들을 우선 성공시키지 못한다면 목표달성은 요원할 수밖에 없다.

자신이 달성하고자 하는 목표의 미래상을 생생하게 묘사하고 그 수준을 구체적인 수치로 표현하는 것은 목표설정의 기본이다. 여기에 목표를 달성하는 데 가장 중요한 영향을 미치는 상위 20%의 핵심타깃을 의도적으로 선택하고 거기에 집중할 수 있을 때, 목표의 조감도가 비로소 완성될 수 있다.

조감도의 법칙에서 이것만은 기억하자

BIRD'S EYE VIEW 1

목표를 원하는 대로 달성하기 위해서는 리더와 구성원이 목표의 미래상을 구체적으로 함께 그려야 하며, 일을 통해 어떤 가치를 창출할 것인지 명확히 알고 있어야 한다.

BIRD'S EYE VIEW 2

건물의 입체적인 조감도처럼 측정 가능하고 예측 가능한 생생한 이미지로 목표가 표현되어야 구성원 간 공감대가 형성될 수 있다.

BIRD'S EYE VIEW 3

목표를 달성하는 데 가장 중요한 영향을 끼치는 상위 20%의 핵심타깃을 정조준함으로써 목표의 조감도가 완성된다.

02
까치발의 법칙
TIPTOE WALKING

내 역량이 닿을 수 있는 가장 높은 곳을 지향하라

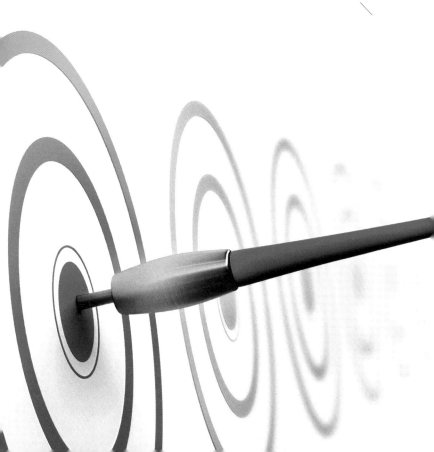

1

목표는 안이하지 않고

허황되지 않게

목표를 달성하여 조직에 실질적으로 기여하기 위해서는 목표를 구체적으로 수치화하고 전략을 세밀하게 수립할 수 있어야 한다.

목표를 수치화하려면 필연적으로 '어느 정도까지 달성할 수 있을지' 그 수준을 제시해야 한다. 그런데 이것이 말처럼 쉽지 않다. 보수적으로 하자니 "1년 동안 그냥 놀고먹겠다는 거냐"는 힐난을 받을 것 같고, 의욕적이고 도전적인 목표를 세우자니 "목표 세우랬더니 소설 쓴다"는 핀잔을 들을까 두렵다. 과연 어느 수준의 목표가 적정할까?

가장 기본이 되는 원칙은, 목표는 도전적인 수준으로 수립해야 한다는 것이다. 왜 그런가? 그 이유는 다음과 같다.

첫째, 목표를 도전적으로 설정해야 조직과 개인의 비전을 달성할 가능성이 높아진다. 80의 목표는 100% 달성해도 결과가 80이지만, 120이라는 목표는 80%만 달성해도 96을 얻을 수 있다고 하지 않는가. 도전적인 목표는 구성원들의 승리욕과 책임의식을 북돋는 유용한 동기부여책이다.

둘째, 도전적인 목표를 설정함으로써 자신의 역량을 개발할 절호의 기회를 얻을 수 있다. 목표를 지난 1년 또는 3년 실적의 평균치 정도로 안일하게 설정하는 경우가 많은데, 그럴 때 과연 본인에게 어떤 발전이 있었는지 자문해볼 일이다. 잘해보겠다는 의지 대신 '대충 해도 되겠다'는 적당주의가 엄습하지 않던가. 기존의 일하는 방식을 바꿀 생각도, 새로운 방법을 모색할 마음도 전혀 생기지 않는다. 외부 자극이 없는데 혼자 변화의 의지를 만들어가기란 결코 쉽지 않다. 급변하는 경영환경에 대응할 역량을 쌓기 위해서는 도전적인 목표를 설정하여 본인을 벼랑 끝에 세워야 한다. 그래야 자신의 역량을 개발하려는 욕구와 의지가 생긴다.

셋째, 장기적인 투자를 위해서다. 조직이 발전하려면 미래를 위한 투자를 계속해야 하는데, 그러려면 단기 목표만 근근이 채울 것이 아니라 미래 투자여력을 확보해둬야 한다. 하루 벌어 하루 먹고 사는 빠듯한 수준을 넘어 내일을 고민할 여유를 만들려면 120%, 아니 200% 성과를 거둘 수 있는 도전적인 목표설정이 반드시 필요하다.

이쯤 되면 "우리는 오히려 감당 못할 만큼 지나치게 높은 목표 때문에 힘들다"고 반발하는 분들도 계실 듯하다. 사실 기업에서 문제가 되는 것은 '과연 저걸 할 수 있을까' 싶을 만큼 과도한 목표가 남발되는 경우다. 평소 일 잘한다고 인정받는 동료에게 뒤지지 않으려고, 다른 경쟁자들을 능가해보겠다고 의지를 불태우는 경우도 있고, 상사의 기분이라도 좋으라고 울며 겨자 먹기로 원대한 목표를 세우는 경우도 있다.

그 마음은 이해할 수 있으나, 목표수준을 평상시보다 지나치게 높게 잡고 자신의 역량에 비해 무리하게 실행하다 보면 금세 지칠뿐더러 의욕도 오래 가지 못하고 꺾인다. 자칫 뱁새가 황새 쫓아가다가 무리를 자초하는 상황에 이르기 쉽다.

목표수준은 아무리 도전적이더라도 자신이 통제할

수 있는 범위 내에서 정해야 한다.

그렇다면 목표수준의 적정성에 대한 판단기준은 무엇일까? 가장 중요한 판단기준은 바로 '목표달성전략'이다. 대부분의 조직에서 목표 자체를 놓고 '적당하다', '무리다'라고 하는데, 이것은 근거 없는 확신에 불과하다. 목표수준이 적당한지 판단하려면 그 목표를 달성할 주체가 어떤 전략과 방법을 적용할 것인지, 전략을 실행에 옮기기 위해서는 최소한 어느 정도의 인력과 예산이 필요한지에 대해 먼저 구체적으로 계획을 세워야 한다.

목표를 부여한 상위조직의 리더에게 구체적인 전략을 설명하고 코칭받는 과정을 통해 실무자는 목표달성에 대한 확신을 가질 수 있다. 내가 속한 조직의 구성원들이나 본인의 역량에 대한 근본적인 질문이나 점검도 없이 감당할 수 없는 목표를 설정하는 것만큼 어리석은 일도 없다. 그러니 반드시 부여된 목표에 대한 구체적인 달성전략과 방법, 최소 필요자원을 근거로 목표수준의 적정성을 논해야 할 것이다. 평소에 목표에 대해 생각할 때 '해보자'는 의지가 샘솟기보다는 '내가 잘 달성할 수 있을까' 하는 불안과 걱정이 앞선다면, 상사의 지시에 못 이겨서 또는 목표와 달성전략에 대한 진지한 고민 없이 덜컥 목표를 받아들이지는 않았는지 진지하게 생각해보아야 한다.

특히 리더는 목표 수준을 제시할 때 무조건 '도전적이어야 한다'고만 주장해서는 안 된다. 목표수준을 뒷받침할 수 있는 회사의 비전과 중장기목표, 상위조직의 목표, 목표달성환경 등을 분석해 제시해야 하고, 목표에 대한 구성원들의 전략과 방법에 대해 실질적인 전략코칭을 해야 구성원들이 납득할 수 있다.

실제로 모 그룹이 매년 모든 조직과 구성원들에게 목표는 실적과 상관없이 무조건 최고수준으로 정해야 한다고 몰아붙인 결과, 구성원들은 목표설정과정을 하나의 통과의례로 생각하고 목표에 대한 신뢰성과 타당성, 납득성을 잃어버렸다. 그 여파로 평가와 보상에 대한 신뢰는 물론이고 회사에 대한 구성원들의 신뢰에도 금이 갔던 사례가 있다.

예를 들어 제조업에 종사하는 어떤 구성원이 자신의 연간목표 중 하나로 '환차손 변동률 5% 미만'을 정했다고 할 때, 과연 이 목표가 적정한 것이며 그가 자신의 통제권 안에 목표를 두고 실행방법을 고민할 수 있을지 한번 생각해보자.

　　원자재를 수입하는 이 회사 차원에서는 환차손이 무시 못할 주요 이슈다. 그러나 환율은 개인이 좌지우지할 수 있는 사안이 아니다. 환율은 거대한 경제 흐름 속에서 수많은 변수들이 서로 얽히고설키면서 변하기 때문에 개인이 죽도록 노력한다고 해도 변동을 이끌어낼 수는 없다.

　　이런 측면을 고려한다면 '환차손 변동률 5% 미만'이라는 목표가 아니라 다른 방안을 모색해야 할 것이다. 본인이 통제할 수 있는 인력, 예산, 고객 데이터 등의 상황을 감안하여 환율변동에 따른 부정적 영향을 최소화할 수 있는 선행과제를 뽑고, 이를 바탕으로 목표를 재설정하는 것이 낫다. 이처럼 주어진 과제이니 무턱대고 목표로 삼는 것이 아니라, 나의 전략적 실행역량을 최대한 발휘할 수 있도록 실현 가능한 수준 안에서 목표를 설정해야 한다.

현실적인 부분을 무시한다면 아무리 그럴듯하더라도 리더 따로, 구성원 따로 노는 허공 위의 목표가 될 뿐이다. 목표달성 가능성이 전혀 없으니 구성원들이 납득할 리 만무하며, 소요되는 자원을 정확히 예측하기도 어렵다.

그 결과 어떤 일이 벌어지겠는가? 열에 아홉은 애초에 상정한 것보다 훨씬 많은 시간과 비용을 지원해달라고 리더에게 요청하는 사태가 뒤따르며, 그렇게 하고도 미달된 성과 앞에서 서로의 잘잘못을 따지는 민망한 풍경이 벌어지기 십상이다. 목표설정은 다함께 했지만 달성은 누구도 책임지지 않는 최악의 장면이 연출되는 것이다.

그렇다면 도전적이되 실현 가능한 목표는 어느 수준일까?

예를 들어 생각해보자. 내가 아는 어느 CEO는 전년

대비 4.5배의 영업이익을 연간목표로 설정했다. 회사의 인력수준이나 그동안의 성장속도와 조직의 역량을 감안할 때 도저히 도달할 수 없는 목표였음에도 CEO는 일방적으로 목표를 하달하고는 임직원들을 닦달하고 몰아붙였다.

구성원들은 터무니없이 높은 목표 앞에서 어떻게 할 방도를 찾지 못한 채 무력감에 빠졌다. 그러나 그 와중에도 나름의 노력을 하여 1.5배 영업이익을 달성했다. 목표수준에는 턱없이 미치지 못했지만, 현실을 감안했을 때 결코 나쁘다고 할 수 없는 성적이었다. 그러나 그 CEO는 격려하기는커녕 실적부진을 이유로 임직원들을 질책하기에 바빴다. 구성원들은 실제 역량보다 훨씬 뛰어난 성과를 거두고도 제대로 된 평가를 받지 못해 자괴감에 빠졌다.

생각해보자. 애초의 목표가 전략적 실행력을 충분히 발휘할 수 있는 수준으로 정해졌다면 어땠을까. 명확한 근거를 가진 영업이익목표가 도출됐다면 구성원들이 집단 무기력에 빠졌을까? 오히려 '해볼 만하다'는 의지를 불태워서 1.5배를 훨씬 뛰어넘는 성과를 거둘 수 있었을 것이다.

목표설정을 올바르게 하기 위해 리더와 구성원들은 업무 프로세스와 경영환경 전반에 대해 충분히 이해해야 한다. 그래야 현실적으로 실현 가능하면서도 도전적인 목표수준을 정할 수 있다.

특히 리더는 충분한 안목을 갖추고 구성원들과 심도 있는 대화를 통해 누구나 현실적으로 공감할 수 있는 수준의 목표를 제시해야 한다. 그 수준은 남의 힘을 빌리지 않고 자신의 역량과 노력으로 달성할 수 있는 높이, 즉 역량의 120% 정도가 적절하다. 이것이 이른바 '까치발' 수준의 목표다.

전략을 실행할 수 없을 정도로 통제 범위를 벗어나 있거나 정확한 근거 없이 막연하기만 한 도전적 목표는 구성원들의 허탈감을 조장할 뿐이다. 조직과 자신이 발휘할 수 있는 역량을 면밀히 분석하고 성찰하여, 구성원들이 도전의식과 성취감을 느낄 수 있도록 '까치발' 수준의 목표를 정하자. 그러면 구성원들도 충만한 의지로 실행에 매진할 수 있을 것이다.

정리해보자.

목표를 설정할 때는 실현 가능한 수준이 어느 정도인지 냉정하게 점검해봐야 한다. 동기부여가 확실하게 되고 실행에 옮길 때 성취감을 느낄 수 있을 만한 수준의 목표가 설정되어야 하기 때문이다. 목표수준이 너무 도전적이거나 반복적으로 성과를 내기 어려울 정도라면 일을 수행하는 당사자는 성취감을 맛볼 수 없을 것이고, 급기야 성취욕구 자체가 사라지는 심각한 상황에 이를 수도 있다는 사실을 유념해야 한다. 특히 단기목표의 경우에는 가급적 본인이 실행방법이나 과정을 통제할 수 있고 현실적으로 달성할 수 있는 범위 안에서 목표수준을 설정하는 것이 바람직하다.

물론 그렇다고 '평균의 논리'에 지배받아 목표수준을 평이하게 잡거나 보수적으로 설정하라는 의미는 아니다. 반드시 달성해야 하는 목표이기에 외부환경과 나의 역량을 고려하여 도전적이되 실행 가능한 수준으로 잡으라는 의미다. 의욕만 앞세워 목표수준을 과대하게 설정하고는 월말마다 상사와 동료들 앞에서 고개를 못 드는 일은 미연에 방지해야 하지 않겠는가.

2

—
—

몸값과 역량,

그것이 목표의 기준이다

—

목표를 세울 때 리더들이 흔히 빠지는 고민이 있다. 영업팀 김 대리는 지난해 10억 원 매출을 달성했고, 윤 과장은 5억 원의 실적을 올렸다. 올해 30억 원을 목표로 한다면 이들에게 어떻게 배분해야 할까? 김 대리의 성과가 좋으니 그에게 더 큰 목표를 부여해야 할까? 아니면 직급이 높은 윤 과장이 더 큰 몫을 해줘야 할까? 이도저도 골치 아프면 15억 원씩 공평하게(?) 나눌까?

이때 섣불리 결론을 내리기 전에 한 가지 요소를 더 생각해봐야 한다. 과연 저 두 사람이 회사에서 받는 '몸값'은 얼마인지 말이다.

몸값이란 무엇인가? 개인의 과거 성과와 미래의 발전 가능성에 대한 회사의 평가를 반영한 것이다. 그러니 몸값에 비례해 성과책임이 따라야 하는 것은 당연지사다. 만약 김 대리의 연봉이 3,000만 원, 윤 과장의 연봉이 5,000만 원이라 한다면, 아무리 김 대리의 성과가 좋았다 하더라도 윤 과장이 더 큰 목표를 감당해야 한다.

목표를 설정할 때, 특히 실행으로 바로 옮겨야 하는 단기목표를 세울 때는 외부 환경과 자신의 역량, 그리고 주어진 자원의 제약을 다각도로 고려하여 실현 가능한 수준의 목표를 도출해야 한다. 무엇보다 본인의 몸값과 보유하고 있는 역량수준을 감안하면서 도전의욕을 고취해야 실행력을 최고조로 끌어올릴 수 있다.

까치발 수준의 목표를 세워야 한다는 말에는 '개인의 역량수준을 감안해서' 도전적인 목표를 설정해야 한다는 점이 내포돼 있다. 팀장은 팀원들의 역량수준을 사전에 진단해둔 후 그것을 근거로 목표수준을 부여해야 하고, 팀원 개인은 자신의 역량을 고려해 동기부여가 충분히 될 만한 수준에서 목표를 설정해야 한다.

물론 우리 주위에는 몸값과 역량이 딱 맞아떨어지지 않는 사람들이 더러 있다. 몸값을 고려한 목표수준을 설정했는데 막상 역량이 부족하다면 어찌해야 할까? 역량이 부족하니 낮은 수준의 목표에 만족해야 할까? 그것은 아니다. 오히려 그때는 역량개발 목표를 함께 수립해야 한다. 그럼으로써 몸값과 역량을 함께 향상시키는 계기로 삼는 것이다.

까치발 수준의 목표를 설정할 때는 우선 자신이 달성할 목표를 꼼꼼하게 점검해야 한다. 그럼으로써 목표를 달성하는 데 필요한 역량을 세부목표에 따라 각각 다르게 설정한다. 이때 일하는 방식, 생각하는 방식, 행동하는 방식을 모두 망라해서 역량을 점검해야 한다. 그 결과 자신에게 부족한 역량이 있다면 그것을 '핵심행위지표^{KBI, Key Behavior Indicator}'로 설정한다. KBI는 목표를 달성하기 위해 반드시 실천해야 하는 실행과제 수행기준으로, 이를 지속적이고 반복적으로 훈련하여 목표실행력을 높이도록 한다.

그렇다면 KBI는 구체적으로 어떻게 도출해야 할까? 예를 들어 '신제품 개발 1건'이라는 목표를 설정하고, 이를 달성하기 위해 개발해야 할 역량 중 하나로 '창의성'을 도출했다고 가정하자. 그렇다면 역량개발 목표는 당연히 창의성이 가시적인 행위로 나타날 수 있도록 해야 한다. 즉 '신제품 개발 1건'을 달성하기 위한 전략과 방법을 구체화하고, 목표달성에 가장 결정적인 영향을 미치는 실행과제를 정하는 것이다. 만약 '제품개발 아이디어'가 결정적인 실행과제라면, '매주 제품개발 아이디어

1건 이상 제출'을 '창의성'에 해당하는 KBI로 설정할 수 있다.

　역량을 개발하려면 역량발휘의 토대가 되는 '능력'도 갈고닦아야 한다. 흔히 '스펙'이라 하는 기본적인 지식은 물론 업무에 필요한 기술과 경험을 함양하고, 이를 실천하여 행동으로 옮기는 과정을 밟아야 한다. 그러므로 역량을 갖추기 위해서는 사전 단계로 개발해야 할 능력을 점검하고, 능력개발의 목표부터 설정할 필요가 있다.

　능력을 개발하려면 먼저 필요역량이 무엇인지 알아야 한다. 그런 다음 구성원의 부족한 점이 무엇인지, 역량을 발휘하기 위해 갖춰야 할 능력이 무엇인지 도출한다. 그리고 능력별로 달성하고자 하는 수준을 목표로 표현하여 작성한다. 이어서 능력개발 목표를 달성하기 위해 어떤 방법을 활용할 수 있는지 선택하여 결정한다. 예컨대 전문 교육과정에 등록할 수도 있고, OJT를 이수할수도 있으며, 적임자가 있다면 멘토로 삼아 코칭을 받을수도 있을 것이다.

역량개발 및 능력개발 계획 예시

소속 기획팀 | 직급 과장 | 성명 김범수

필요역량	부족한 점	개발 필요능력	올해 개발목표 (기간 포함)	개발방법
피드백	정량적인 과학적 분석을 통한 타인의 이해가 부족함	통계분석 스킬 (SPSS 통계처리) 치밀한 검토	8월, ○○ 관련 고객 니즈 5개 발굴	통계처리 관련 인터넷 강의 수강
치밀성	일의 마무리 단계에서 실수를 발견하지 못하는 경우가 종종 발생		6월, 발표자료 지적 3건 미만	프레젠테이션 방법을 자가학습하면서 OJT를 통해 피드백 받음

예상장애요인	해결방안	부서장 해결방안 조언
• 외부 위탁교육 시간 확보 • 업무량 과다	• 업무량 조정 (동료간의 상호 지원) • 사내교육 개설 여부	• 근무시간 중 업무집중도를 높여 교육시간 확보

TO	작성자 지원요청사항	요청사항 피드백
회사	• 통계분석 과정 수강 지원 • 리더십 교육과정 개설	
부서장	• 위 지원사항을 적극 반영해주길 요망	• 주관부서에 반영을 공식 요청함 • 업무량 조정과 관련해 부서원과 조정회의를 계획하고 있음

지금까지 살펴본 역량개발 목표를 양식으로 정리하면 앞쪽의 그림과 같다. 연간목표를 달성하기 위해 필요역량과 능력을 제시하고, 각각의 개발방법을 그림과 같이 작성하여 리더와 관련 부서인 인재개발팀에 요청한다.

구성원들의 역량을 개발함으로써 회사는 업무효율 향상, 신기술 확보, 고급 기술인력 확보 등을 얻어내 궁극적으로 생산성을 지속적으로 높이는 효과를 기대할 수 있다. 구성원 개인 입장에서는 자기계발 기회가 늘어나고, 업무 자신감이 생겨 결과적으로 업무만족도도 높아지는 등의 기대효과를 가질 수 있다. 이처럼 회사와 구성원 모두에게 바람직한 효과를 가져다줄 수 있으려면 구성원들은 역량개발 목표를 수립하고 실행하는 일을 게을리하지 말아야 하며, 회사는 이를 적극적으로 지원하고 관리해야 한다.

우리 조직 혹은 내 역량의 한계를 뛰어넘는 대담한 목표를 설정하여 이를 달성하고 싶은가? 그렇다면 첫술에 배부르기를 기대하지 말고 자신의 역량을 감안하여 조금씩 꾸준하게 목표수준을 높여가고, 이를 정확하게 달성함으로써 반복적인 성취감을 느끼는 것이 가장 좋다. 이를 통해 좀 더 담대한 목표수준에 도전하는 선순환 과정이 이어질 수 있도록 최선의 노력을 한다면, 어느새 예전에는 꿈도 꾸지 못했던 수준까지 올라와 있는 자신을 보게 될 것이다.

3

자원의 크기가

목표수준의 높이다

신사업 발굴팀을 맡고 있는 김 팀장이 지난 3월 신사업 계획을 보고하면서 기획 전문인력을 뽑아달라고 인사팀에 요청한 지 벌써 6개월이 지났다. 김 팀장은 지금까지는 자신이 겨우 실무를 수행해왔지만, 더 이상은 무리라고 판단했다.

'오늘은 꼭 인사팀장에게 확답을 들어야겠어.'

김 팀장은 인사팀장을 찾아가 요청한 인력충원 건에 대해 다시 물어보았다. 하지만 돌아오는 대답은 이번에도 똑같았다.

"그동안 잘 처리했잖아요. 그러니 조금만 더 기다려봅시다. 그리고 벌써 9월인데 지금 충원한다고 해도 팀워크 맞추고, 업무 인수인계하고 하면 연말까지 무슨 성과를 내겠습니까. 그러니 올해는 이대로 가고, 내년 초에 채용 진행합시다. 어때요?"

자리로 돌아오는 김 팀장은 한숨이 저절로 나왔다. 지금 인력으로는 신사업에 대한 대강의 그림만 구성해 운영할 수 있을 뿐, 더욱 구체적인 계획을 수립하고 본격적으로 추진하기 위해서는 신사업 전문 인력이 반드시 필요하다. 그런데도 인사팀은 영 딴소리를 하고 있으니 답답할 수밖에 없다.

김 팀장과 같은 암울한 현실에 있는 사람들은 사실 기업현장에 비일비재하다.

리더가 목표수준을 정할 때 목표달성에 필요한 자원은 고려하지 않고, 단순히 느낌™에 따르거나 과거 대비 일정 비율로 증가된 목표수준을 정하는 경우가 많다. 그런 다음 경기가 좋지 않으면 담당자의 역량이 부족해서라고 호도하곤 한다.

이처럼 성과를 창출하라고 하면서 최소한의 필요자원도 고려하지 않고 막무가내로 목표를 설정하고 밀어붙여서는 안 된다. 원하는 것은 무엇이든 만들어주고 해결해주는 마법사 같은 존재는 세상에 없다. 그러므로 조직과 리더는 목표수준을 정할 때 얼마만큼의 자원을 지원해줄 수 있는지, 지원받기 위한 조건은 무엇인지 등을 대략적으로라도 알려주어야 한다. '맨땅에 헤딩'하라는 요구가 아닌 한, 지원범위가 왜 그렇게 정해졌는지에 대해

당위성을 설명해줘야 비로소 구성원들이 '실행'이라는 다리를 건너기 위한 전략을 수립할 수 있다. 핵심자원에 대한 현실적인 지원을 고려하지 않은 채 작성된 것이라면 아무리 목표가 수치화되어 정교하게 수립되었다 한들, 이후에 뒤따라오는 전략수립 프로세스는 한낱 요식행위에 그치게 될 뿐이다.

예를 들어 회사 전체 목표를 달성하기 위해 영업본부에서 올해 영업이익을 10억 원 내야 한다고 가정하자. 대부분의 회사에서는 10억 원을 소속 영업팀 수로 동일하게 나눠 하달한다. 그러나 팀 목표를 정해주는 것으로 회사가 할 일이 모두 끝나는 것일까? 결코 그렇지 않다. 영업본부가 10억 원의 영업이익을 달성하기 위해 세부전략을 수립하면서 '영업인원 1명 충원, 판촉비 2,000만 원 지원'을 요청했다면, 회사는 필요자원의 지원 여부에 대해 구체적으로 답변함으로써 부여한 목표수준의 당위성을 입증해야 한다.

한편 같은 회사의 생산팀장은 '월 5,000개 증산'이라는 목표를 부여받았다. 그가 현재 상태에서는 자원을 아무리 가동해도 도저히 그 수준에 맞출 수 없다고 본부장에게 보고하고 '전기설비 전문가 2명'을 지원해달라고 요청했다고 하자. 이때 본부장이 생산팀장이 요청한 필요자원을 검토하고 본인이 지원하기 힘든 부분을 감안하여 목표수준을 적정한 수준으로 조정해준다면, 상당히 현실적이면서도 도전 가능한 까치발 수준의 목표를 설정한 것이 된다.

또 하나의 사례를 살펴보자.

인사팀장이 회사 내 '임직원 근무환경 개선'이라는 전략과제에 대한 핵심성과지표$^{KPI, Key Performance Indicator}$를 '○○공장 과장 이하 퇴사율'로 정하고 목표수준을 '3%'로 설정했다. 그리고 이를 달성하기 위해 김 대리에게 과제수행기간 '3개월', 예산은 '전문가 자문료 200만 원', 정보는 '경쟁사 이직 동향정보' 등을 제공해주겠다고 설명하며 과제실행을 지시했다.

김 대리 입장에서는 비록 충분하지는 않더라도 회사에서 최대한 지원할 수 있는 자원의 범위를 미리 알려주었고, 현실적으로 달성 가능한 도전적인 목표를 부여했다고 판단했다. 그렇다면 그는 인사팀장이 열정을 가지고 자신에게 과제를 수행할 수 있는 계기를 마련해주었다고 생각할 것이다. 그래서 목표를 달성하기 위해 치열하게 실행하고, 과제가 끝난 후에는 그 목표를 달성하는 데 실제로 투입된 자원의 소진 여부를 살펴 이후 목표설정에 반영할 것이다. 예를 들어 실제 과제수행에 걸린 시간은 2개월이었고, 전문가 자문 대신 자료조사로 100만 원만 지출했다는 점을 감안하여 차기 목표설정에 반영하는 바람직한 행동을 보일 가능성이 높다.

그러나 현실은 어떤가. 의사결정권을 가지고 있는 리더일수록 하위부서의 요청사항을 가볍게 여긴 채 현실과 동떨어진 목표수준을 정하고 무조건 밀어붙이는 경우를 종종 목격하게 된다. 리더라면 조직이 크든 작든 지원 가능한 자원의 범위를 현실적으로 고려하여 이를 목표수준에 반영함으로써 구성원들과 공감대를 형성하는 역량을 가지고 있어야 한다.

조직이든 개인이든, 목표수준을 정할 때는 우선적으로 실행에 필요한 자원을 염두에 두어야 한다. 그래야 구성원들이 목표의 상태와 조건, 배경 등을 살핀 다음 '이 정도면 합당하다'고 공감할 수 있고, 목표달성전략을 세워 책임감 있게 실행에 매진할 수 있다. 아무리 목표를 구체적으로 설정했다 해도 목표수준이 공감하기 어렵고 현실적으로 필요한 자원의 지원범위를 전혀 반영하지 못한다는 생각이 들면, 구성원 입장에서는 시작부터 일할 맛을 잃게 된다는 점을 유념하자.

까치발의 법칙에서 <u>이것만은</u> 기억하자

🖊 TIPTOE WALKING **1**

자신의 몸값과 현재 역량수준을 근거로 성과목표를 설정하여, 해내고자 하는 도전의식과 성취감을 느낄 수 있도록 한다.

🖊 TIPTOE WALKING **2**

자신이 통제할 수 있는 범위 내에서 의지를 가지고 실행할 수 있는 '까치발 수준'의 목표를 설정한다.

🖊 TIPTOE WALKING **3**

외부환경 및 역량, 그리고 인력, 예산, 정보 등 필요자원을 입체적으로 고려하여 실현 가능하면서도 도전적으로 목표수준을 결정한다.

03
역계산의 법칙
BACKWARD SCHEDULING

미래가 현재의 계획을 지배하게 하라

1

과거가 아닌 미래와 비교하여

현재목표를 정한다

여름휴가를 해외로 가는 문화가 일반화되면서, 많은 직장인들이 5월, 빠르면 연초부터 여름휴가 계획을 세우느라 분주하다.

여러분이 이번에 해외여행을 간다고 생각해보자. 무엇부터 하는가? 우선 여행지와 날짜를 정할 것이다. 그런 다음 숙박문제를 해결하고 항공권을 구입하고, 여행에 필요한 각종 물품을 준비할 것이다.

많은 이들이 고민하는 목표수립 역시 따지고 보면 여름휴가 준비하는 것과 프로세스가 다르지 않다. 즉 미래에 달성하고자 하는 목표^{여름 해외여행}를 먼저 디자인하고, 목표를 이루기 위해 현재 해야 할 일들이 무엇인지 거꾸로 계산하여 하나씩 해결해가면 되는 것이다. 이것이 바로 미래목표에 초점을 맞춰 현재목표를 수립하는 '역계산의 법칙'이다.

재산이 몇 조 되는 부자나 연봉 3,000만 원인 신입사원이나 주어지는 시간은 공평하다. 하지만 그 시간을 어떻게 이용할지는 온전히 자신의 몫이다. 그렇다고 무작

정 '365일 일하고 노력하다 보면 좋은 날이 오겠지'라고 생각하는 것은 농경시대적 근면성이다. 언제까지 책상머리에 앉아서 소처럼 일만 하고 있을 수는 없다. 그렇다고 '사니까 산다'는 식으로 그냥 흘러가는 대로 살아서는 결코 자신이 원하는 모습을 이룰 수 없다. 과연 우리는 3년, 5년 후를 위해 어떻게 살아야 하는 것일까?

그 대답의 힌트가 바로 '역계산의 법칙'에 있다. 자신의 미래 모습을 결정하고 이를 달성하기 위해 지금의 나는 무엇을 해야 할지 고민하는 게 바른 순서다. 원하는 모습을 그리고, 자신을 거기에 올인해야 한다.

예를 들어 신제품 기획안을 3일 뒤에 보고하라는 요청을 받았다고 하자. 기초자료 조사와 기획안 스케치, 타사 사례 조사 등의 일반적인 업무진행 순서대로 시간을 투입한다면 제날짜에 제출할 수 있을지 불투명하다. 반대로 3일 후에 제출하려면 초안이 언제까지 나와야 하는지 생각해보라. 그러면 사례분석이 언제 끝나야 하는지 가늠이 되고, 그러기 위해 오늘 내로 기초자료 조사와 기획안 스케치를 마쳐야 한다는 계산이 나온다. 아울러 기존 자료로 채울 부분 외에 추가로 조사해야 할 신제품 및 타깃고객의 니즈와 원츠 등에 더 많은 시간을 투여해야 한다는 시나리오를 가정할 수 있으니, 시간활용의 선택과 집중이 원활해져 의도한 만큼의 내용을 주어진 시간 내에 작성할 수 있다.

이처럼 해오던 대로 일을 하느냐, 미래로부터 자신의 목표를 설정하고 그에 맞게 계획을 수립해 일하느냐에 따라 큰 차이가 발생한다. 현재는 과거의 연속으로 발생된 것이 아니라 미래의 모습을 이루기 위해 존재하는 것이기 때문이다.

흔히 공공기관이나 기업에서 연간목표를 정할 때 어떻게 하는지 떠올려보자. 보통 사업부의 목표를 정할 때 지난해 실적이 얼마이니 거기에 10% 정도를 추가하는 식으로 잡곤 하는데, 이것은 올바른 방식이 아니다. 역계산의 법칙에 따라 사업부의 목표를 정조준하기 위해서는 중장기적인 관점에서 5년 후 매출을 정하고 4년, 3년, 2년 후 순으로 산정해야 한다.

예를 들어 5년 후 회사의 매출액 목표를 5,000억 원으로 정했다고 가정하자. 그러면 5년 후의 중장기목표를 달성하기 위해 4년 후에는 신규고객을 5,000명 확보해야 하고, 그러기 위해서는 3년 후까지 신제품을 10종 개발해야 하며, 제품개발에 대한 투자가 차질 없이 이루어지려면 내년까지 당기순이익을 100억 원 달성해야 한다는 식으로 목표가 산출돼야 한다. 즉 중장기목표로 순항하기 위한 중간 과정으로서 현재의 거점목표를 마련해야 한다는 것이다.

이처럼 회사의 중장기목표와 연도별 중간 거점을 구체적으로 설정하고, 여기에 맞춰 사업부별로 매출과 영업이익 목표를 설정하고, 목표와 현재 상황과의 격차를 메우기 위한 전략이 무엇인지 확정해야 역계산의 법칙에 따라 목표를 설정한다고 할 수 있다. 이는 마치 에베레스트 등정 팀이 최종 정상정복을 위해 베이스캠프에서부터 1캠프, 2캠프, 3캠프, 4캠프, 최종 공격캠프로 구분하여 각 지점과 도달시기를 결정하고 올라가는 것과 마찬가지다. 물론 각 캠프의 위치도 최종 공격캠프로부터의 거리와 시간을 역계산하여 결정된다.

회사에서나 개인이 목표를 정할 때 상당수가 그저 해오던 대로, 살던 대로, 예전처럼 수립하고 그것이 당연하다고 여기며 자신을 정당화한다. 과거 자신의 모습에 비추어 현재의 내가 무엇을 해야 하는지 정하는 식이다. 그러고는 '오늘 시작하면 이 일이 언제 끝나는가?'라는 기준으로 업무순서를 정렬하고 일정을 짠다. 이런 식으로 정해서 과연 목표를 달성할 수 있을까? 대답은 '결코 아니올시다!'다.

'바보는 언제나 최선을 다했다고 말한다'는 어느 책 제목처럼, 하던 대로 해서는 결코 목표를 달성할 수 없다. 누군들 최선을 다하지 않겠는가? 그처럼 성실한 사람들에게 보고서 작성기간을 한 달씩 주어도 막판에 몰아치기, 벼락치기를 하게 되는 것은, 역계산의 법칙을 무시했기 때문이다. 벼락치기를 하지 않으려면 '목표설정의 감^感'이 살아 있을 초기 일정 30% 내에 전체 목표의 70%를 달성해야 한다. 이렇게 한다면 나머지 기간 동안

30% 목표를 달성한 다음 전체 결과물을 리뷰하고 보완하고 추가하는 작업을 해서 일정 내에 성과를 창출할 수 있다.

이처럼 역계산의 법칙을 통해 목표를 설정하면 다음의 4가지 효과가 있다.

첫째, 목표를 달성하기 위한 우선순위가 무엇인지 명확하게 알 수 있다. 최종성과를 고려하여 자신의 업무를 관리함으로써 그때그때 닥치는 대로 업무의 중요도와 긴급도를 결정하는 것이 아니라, 장기적 관점에서 업무의 우선순위를 정할 수 있다.

둘째, 일의 우선순위가 정해지면서 불필요한 일에 시간을 투자하지 않게 되니 자연스럽게 시간적 여유가 생긴다. 여유 시간을 활용해 자신의 미래를 위해 역량을 개발하거나 새로운 에너지를 충전할 수 있다.

셋째, 자신의 목표를 명확하게 그리고 이에 따라 업무의 우선순위를 정하므로, 여기저기 기웃거리지 않고 목표를 향해 낭비 없이 정진하는 명확한 방향성을 갖게 된다. 가보지 않은 길에 대한 아쉬움이나 무엇을 해야 할지 고민하는 시간이 없어지는 것이다.

넷째, 역계산의 법칙에 의해 사는 사람은 언제나 매일 아침 새로운 출발을 하게 된다. 미래의 모습에서 현재를 결정하기 때문이다. 즉 과거에 연연하거나 과거의 실수 때문에 미래를 망치는 한심한 실수를 크게 줄일 수 있다.

이와 관련해 한 가지 사례를 보자. 연말까지 완료해야 하는 '핵심우수인력 육성방안'이라는 과제가 있다. 다음 쪽 그림을 보면 월 단위 목표를 역계산해서 찾아냈다는 것을 알 수 있다. 즉 타깃 일정을 12월로 정하고 이를 맞추기 위해 9월에는 무엇을 달성해야 하는지, 7월에는 어떤 과정목표를 달성해야 하는지 계산하여 설정했다.

단순히 "지난달에 뭐 했지? 그래서 미진한 것이 뭐야?"라고 쫓기는 경주마처럼 할 일을 정해서는 목표에 질질 끌려갈 뿐이다. 기한 내에 달성할 목표를 설정하고, 이를 위해 해결해야 하는 이슈를 발견하는 것이 중요하

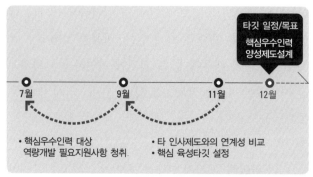

연간목표를 기준으로 역계산하여 월간목표를 설정함

다. 일에 끌려다니지 말고, 일을 자신이 쥐고 지배하는 것이 핵심이다.

물론 나도 안다. 당장 눈앞에 놓인 급한 일들이 있으면 그 문제를 해결하기에 급급할 수밖에 없다는 것을. 현재 시점에서 보면 모든 단기과제들이 다 중요하게 느껴진다. 그래서 많은 전문가들이 현재 닥친 일에만 매몰되지 말고 우선순위, 중요한 것, 소중한 것을 먼저 해야 한다고들 역설한다.

소중한 것을 먼저 하기 위해서는 소중한 것의 기준이 무엇인지 알아야 하며, 중요한 것이 무엇인지 의사결정을 해야 한다. 그러려면 필연적으로 미래목표부터 결정해야 한다. 그리고 미래목표를 기준으로 선택과 집중을 해야 한다. 그때그때 닥치는 일의 경중을 결정하고 일의 시급을 판단하면 실수를 부르게 돼 있다. 목표수준과 목표달성 시점을 명확하게 설정해놓으면 선택하고 집중해야 할 것들이 자연스럽게 걸러진다.

의사결정을 할 때는 항상 상수常數와 변수變數를 구별해야 한다. '상수'는 반드시 달성해야 하는 미래시점의 목표이고, '변수'는 미래목표를 달성하기 위해 조정할 수 있는 것들이다. 목표설정의 관점에서 볼 때 미래목표를 달성하기 위한 목표수준과 목표달성 시점은 상수이고, 이를 달성하기 위한 세부목표의 우선순위나 중요한 과제는 변수로 볼 수 있다. 그런데 눈앞에 있는 변수 때문에 상수가 흔들린다면, 그것이 과연 올바른 의사결정이라 할 수 있겠는가.

우리 주변의 성공한 사람들을 살펴보면 미래의 목표 달성 시점부터 역계산해서 현재의 행동을 선택한다는 공통점을 찾을 수 있다. 즉 목표가 달성된 시점에서 필요로 하는 행동을 선택하고, 이에 맞춰 자신을 만들어나가는 것이다.

일례로 최근 5년 연속 한국시리즈에 진출한 야구팀이 있다. 이 팀이 계속 한국시리즈에 진출할 수 있었던 이유는 무엇일까? 감독은 그 비결을 묻는 질문에 이렇게 답했다.

"항상 역계산을 합니다. 한국시리즈 종료시점에 맞춰 9월에는 어떻게, 7월에는 어떻게, 정규리그 초반에는 어떻게 해야 한다는 계산을 하지요. 그 결과 정규리그 초반에 치고 나가려면 지금 어떻게 해야 한다는 계산이 나옵니다."

당장 눈앞의 연습경기에서 승리하는 것보다 한국시리즈 종료시점에 어떤 모습으로 우승하는지, 그 모습을 그러며 리그를 시작한다는 것이다. 우리도 코앞에 닥친 연습경기보다는 미래의 빅게임을 대비하며 움직여야 하지 않겠는가?

　장기적 목표를 가진 사람만이 자신이 가지고 있는 시간, 정보, 사람과 같은 제한된 자원을 활용해 성공적인 전략을 수립할 수 있다. 장기적 목표가 없으면 현재 해결해야 할 수많은 일들 중에 무엇이 긴급하고 중요한지 우선순위를 정할 수 없다. 만약 여러분이 지금 많은 일들 사이에서 허둥대고 있다면, 자신이 원하는 미래목표를 명확히 세워두지 못한 것은 아닌지 돌아볼 일이다.

2

기회와 위협, 미래변수를 현재목표에 반영한다

2011년 모 그룹이 '비전 2020'을 선포했다. 바이오, 헬스, 발광다이오드, 태양광 등 신수종 사업에 23조 원을 투자하겠다는 '제2의 신경영'을 선언한 것이다. 이와 함께 구성원들에게 100년 기업으로 거듭나기 위해 경영 철학을 업그레이드하는 것은 물론, 누구와도 손잡을 수 있어야 하고, 모자라는 부분은 기꺼이 협력하는 결단과 용기가 필요하다는 점을 강조했다.

이는 단순히 사업구조 개편만을 노리는 것이 아니라 하드웨어와 능력 있는 인재의 영입, 중소기업과의 동반성장 등 소프트웨어의 성장을 위해 노력하겠다는 의지를 피력한 것으로 보인다. 지금도 충분히 잘나가고 있는 그 기업이 무엇이 아쉬워서 그렇게 할까? 더욱이 한 치 앞은커녕 오늘 다르고 내일 다르다는 경영환경의 급격한 변화 속에서 10년 뒤의 모습을 정하고 간다고 해서 그 모습이 그대로 이루어질 수 있을까?

이 그룹이 2020년에 원하는 모습을 달성하느냐 하지 못하느냐도 중요하지만, 우선 우리가 주목해야 할 것은 선언 그 자체다. 현재 1위의 기업도 미래의 모습을 정하고 현재 수준에서 어떻게 진화할지 고민하고 이를 실천한다는 사실 말이다. 그 기업이 자신의 미래를 정확하게 맞히느냐, 못 맞히느냐가 결정적으로 중요한 사안은 아니다. 원하는 미래상을 설정하고 그 모습에 가까워지기 위해 믿고 실행한다는 데 오히려 더 큰 의미가 있다. 그런 점에서 우리는 자신의 미래 모습을 어떻게 그려놓고, 해야 할 일들을 어떻게 정했는지를 다시 한 번 되짚어봐야 한다.

얼마 전 성공가도를 달리고 있는 한 개그우먼이 자기계발서를 펴냈다. 잘나지 않은 외모 탓에 어렸을 때부터 콤플렉스에 시달리고, 좋지 않은 가정형편으로 장밋빛 미래를 기약하기 어려운 때 그녀는 남을 웃기는 재주에 집중해 '아시아 2개국에서 주요 개그 프로그램의 주인공을 맡는다'는 미래목표를 생생하게 그려 마침내 바라는 모습 그대로 되는 데 성공했다. 이후 그녀는 일본에 진출하여 한류 연예인 대열에 앞장섰고, 틈틈이 배운 일본어로 일본어 교재까지 출판해 베스트셀러 작가가 되기도 했다.

그녀는 어떻게 했기에 이처럼 힘겨운 현실을 이겨내고 자신이 원하는 모습을 이룰 수 있었던 것일까?

우선 그녀는 아직 펼쳐지지 않은 자신의 미래를 상상하며 이를 미래의 일기로 썼다. 자신이 원하는 인생의 목표를 명확하게 정하고, 그것을 구체적 이미지로 생생하게 그려 종이에 적었던 것이다. 자신의 꿈을 적는 것만으로 실현 가능성이 몇 배 커진다는 것은 이미 입증된 '진실'이다.

어떻게 적기만 해도 꿈이 이루어질 수 있을까? '생각하는 동물'인 사람은 꿈을 적으면서 본능적으로 자신이 가진 조건에 대해 돌아보게 된다. 내가 가진 강점과 약점, 충만한 자원과 부족한 자원을 따져 방법을 고민하게 되니 실현 가능성이 높아지는 것은 어쩌면 당연한 귀결인지도 모른다. 실제로 그 개그우먼도 꿈을 적은 다음 가장 먼저 해야 할 일들을 결정하고 이를 목표로 구체화했다.

단, 역계산의 법칙을 적용한다면서 미래목표를 기준으로 단계별 목표를 기계적으로 배치하기만 해서는 곤란

하다. 이때도 냉철하게 실현 가능성을 살펴야 한다. 즉 앞에서 자신이 조감도 형태로 설정해놓은 바람직한 미래 모습을 항상 염두에 두고 강점과 약점, 기회와 위협 요인을 도출해야 한다. 다음과 같은 질문을 던져보면 도움이 될 것이다.

> ✅
> **목표달성을 위해 자신의 강점을 어떻게 살릴 것인가?**
> **목표달성을 위해 자신의 약점을 어떻게 극복할 것인가?**
> **목표달성을 위해 외부환경의 기회를 어떻게 이용할 것인가?**
> **목표달성을 위해 외부환경의 위협을 어떻게 해소할 것인가?**

위의 질문에 대해 스스로 답변해가면서 내부역량과 외부환경에 대한 SWOT분석을 함으로써 구체적으로 해야 할 일들을 정리할 수 있다.

내부역량, 즉 자신이 발휘하고 있는 현재의 역량수준을 판단할 때는 자신의 지식, 스킬, 경험 등의 능력을 살펴보는 것에 덧붙여 목표관리 역량 등도 꼼꼼히 점검하자. 무엇이 목표를 달성하는 데 도움이 되고 방해가 되는

지를 기준으로 스스로를 돌아보라는 것이다. 나아가 강점이 많더라도 자만하지 말고 앞으로도 계속 유지할 수 있는지 냉정하게 판단해야 한다. 일시적으로 나타난 것은 강점이라 할 수 없기 때문이다.

자신의 목표를 달성하는 데 중요한 영향을 미치는 외부환경은 전반적인 사회추세, 미래의 업계동향, 그와 관련된 경제동향 및 정책동향 등으로, 주로 신문기사나 전문잡지 등의 매체를 통해 꾸준히 확보하는 것이 좋다. 이처럼 외부환경과 내부역량을 분석한 후 강점으로 기회를 살리고 위협을 회피하며, 약점을 강점으로 승화시키면서 약점과 위협이 부딪히는 상황을 회피하는 전략을 구상해야 한다.

예컨대 마케팅 사업부가 '영업이익 10억 원'이라는 핵심목표를 세우고, 하위조직인 영업팀은 최우선 목표로 '매출액 200억 원 달성'을 설정했다고 해보자. 이 목표를 달성하는 데 초점을 맞춰 객관적 데이터를 근거로 외부환경과 내부역량을 분석하는 것이 현재목표를 올바로 세우는 첫걸음이다.

외부환경과 내부역량을 두루 점검하는 것은 비단 현 시점에 대해서만 적용되는 것이 아니다. 미래에 닥칠 수 있는 기회와 위협에 대비할 때도 필요한 작업이다.

앞에서도 강조했지만, 목표는 도전적이되 실현 가능하게 세워야 한다. 당연히 이를 달성하는 전략 또한 실행 가능성을 극대화할 수 있어야 하는데, 그러려면 예기치 못한 상황까지 염두에 두고 전략을 마련해둬야 한다. 만약 100%의 목표를 달성하기 위해 100%의 달성전략을 수립한다면 쏘는 대로 백발백중하겠다는 생각인데, 이는 과도한 자만심 아닐까. 그보다는 달성 가능한 목표를 조준하되 '만일의 사태'와 '안 될 가능성'에 대비한 전략을 포함해 다각도로 모색해야 한다.

실제로 일을 해보면 예상치 못한 상황이 비일비재하게 발생한다. 급작스런 사고가 생길 수도 있고, 실행주체가 바뀔 수도 있다. 아니면 애초에 확보해둔 시간이 갑자기 날아가버릴 수도 있다. 3년, 5년을 바라보는 중장기목표는 더한 변화의 격랑을 견뎌야 한다. 그런 상황에서 리더와 구성원이 사전에 정해놓은 목표를 실행할 수 없게 됐다면, 그럴 때는 어떻게 대처해야 할까?

어떻게든 목표를 이루겠다는 의지가 있는 리더라면, 미처 생각하지 못한 일이 발생했을 때를 대비하여 대처 방안까지 미리 강구해두어야 한다. 즉 목표를 달성하지 못했을 때, 타깃 공략에 실패했을 때 재빨리 대치하여 만회할 수 있는 '플랜B'를 항상 준비해둬야 한다는 것이다. 플랜B는 일종의 '보험'이다.

광고회사 마케팅 팀에 근무하고 있는 홍 과장은 얼마 전 식은땀이 줄줄 흐르는 경험을 했다고 한다. 구성원의 사기를 높이기 위해 전 사원의 가족을 초청하는 캠프행사를 기획하고 사회를 신 팀장이 맡기로 했는데, 행사를 불과 3시간 앞두고 신 팀장이 갑작스레 복통으로 병원에 실려 가더니, 급기야 급성 복막염 수술을 받게 된 것이다. 그러나 행사는 진행해야 하는 상황에서 할 수 없이 차석인 홍 과장이 준비도 안 된 상태로 사회자로 투입되었다. 그의 말로는 행사를 진행하는 4시간이 평생 가장 길게 느껴진 시간이었다고 한다. 가까스로 행사를 마쳤지만 진행이 원활하게 됐을 리 만무했고, 지금도 그 일을 생각하면 아찔한 기억에 귓가가 빨개진다고 한다.

사전에 '플랜B'를 조금이라도 생각했다면, 팀장이 사회자로 투입되지 못할 경우를 대비해서 누군가에게는 전체적인 행사의 내용을 숙지시키고 차질 없이 진행할 수 있도록 준비시켰을 텐데, 지나고 나니 참 아쉬운 장면이었다고 한다.

계획했던 목표를 제대로 달성하는 사람의 경우, 행여나 1차 공략에 실패했을 때를 대비해 보완적으로 2차 공략을 할 수 있는 동료를 대기시킨다거나, 혹은 추가적으로 2차 시기를 확보하는 등 돌발사태를 염두에 둔 플랜B를 항상 준비해두고 실행에 임한다. 이런 치밀한 시나리오가 사전에 준비되어 있지 않으면 돌발변수가 생길 때마다 쩔쩔매느라 목표를 달성하려고 노력하고도 정작 성과는 나오지 않는 악순환을 되풀이하게 될 것이다.

우리는 너무나 안일하게 '시간이 없다', '할 일이 많다'는 핑계로 플랜B 준비를 소홀히 해왔다. 설령 사전에 설정한 목표들을 달성하지 못했다 하더라도, 내가 노력했으니 됐다며 스스로 위안하고 넘어가는 경우가 허다했다. 하지만 냉정한 비즈니스 세계에서 이런 이유가 정당화될 수는 없다. 어떻게 해서든 돌발상황에서도 유연하게 목표를 달성하고 임무를 완수하는 것이 진정한 프로들이 보여주는 내공일 것이다.

따라서 플랜B를 준비한다는 것은, 목표를 달성하기 위해 공략해야 할 세부타깃을 보다 다양한 측면에서 설정해두고, 세부 실천방안 또한 풍부하게 사전에 준비해두어야 한다는 의미로 볼 수 있다. 제2, 제3의 시나리오가 꼼꼼하게 설계돼 있다면 리더는 구성원들이 실행하려는 모든 것에 대해 믿고 맡길 수 있을 것이다.

현재목표를 점검하면서 플랜B와 함께 감안해야 할 것이 한 가지 더 있다. 현재목표와 함께 미래목표를 동시에 관리해야 한다는 것이다. 일을 하다 보면 업무의 목적이나 지향하는 바를 잊어버리기 쉽다. 당장 주어진 일에 매몰돼 마치 눈앞의 목표만 달성하면 다 성취되는 듯한 착각에 빠지기도 쉽다. 눈앞의 실행에 집중하면 단기적

효과는 있겠지만, 미래목표를 감안하지 못하느라 장기적으로는 오히려 손실을 볼 수도 있다. 궁극적인 목적지를 잃어버리는 것이다. 그러므로 보다 멀리, 지속적으로 업무를 추진하려면 반드시 미래목표를 보고 전략을 따라가야 한다.

이때 필요한 것이 '더블 대시보드'다. 현재와 미래를 동시에 보여주는 일종의 계기판으로, 이를 활용해 1년에 한 번쯤 스스로 목표달성 여부와 실행 여부 등을 분석할 필요가 있다. 특히 자신이 목표달성을 위해 수립했던 일들아 실질적인 도움이 되었는지 파악하고, 예상치 못했던 어려움은 없었는지 스스로 돌아보라. 그리고 그 결과에 따라 목표를 다시 한 번 점검하여 수립하는 장[4]으로 삼자.

정리해보자.

전략을 수립할 때는 항상 미래 모습을 먼저 그리는 연습을 하자. 그런 다음 미래목표에서 현재수준으로 역계산하여 이 차이를 메우기 위한 방법을 모색하는 데 익숙해져야 한다. 일정을 거꾸로 짚어보는 방법도 마찬가지다. 이를 위해서는 평소 일상생활에서도 역계산의 법칙을 꾸준히 활용해야 한다.

마치 국가대표 선수들이 올림픽 경기일정이 정해지면 이에 맞추어 매일 훈련량과 영양상태, 체중과 바이오리듬까지 조절하여 최상의 컨디션으로 경기에 임하는 것처럼, 자신의 일상에서도 미래 모습을 달성하기 위한 일들을 관리하고 반복적으로 익혀야 한다. 그래야 목표달성이 가능하다.

누구에게나 주어진 시간은 똑같다. 하지만 그 시간을 어떻게 활용하고 어떤 기준으로 바라보느냐에 따라 미래 모습은 천양지차로 달라진다. 항상 과거에서부터 비롯된 현재가 아닌, 미래에서부터 온 선물이라는 마음으로 현재를 살아야 한다. 현재의 수많은 판단과 의사결정이 미래의 목표달성에 영향을 미친다는 생각을 가지고 목표를 정조준하는 습관을 키워야 한다.

3

―
―

연간목표가

오늘 하루를 이끌어간다

―

매년 기업이나 조직들은 연례행사처럼 연간사업목표를 세워놓는다. 문제는 그것을 시시때때로 들여다보지 않는다는 것. 대개 서류파일에 꽂아두고는 평가할 때쯤 되어서야 다시 꺼내든다. 오랜만에 다시 보니, 예년 목표와 그다지 다를 바가 없다. 해가 바뀌어도 변화 없이 늘 보던 목표, 늘 하던 말, 늘 관리하던 방식대로 일하고 있는 것이다.

　　아침에 출근하여 해야 할 일들을 정리하다 보면 오늘, 이번 주, 이번 달에 달성해야 하는 목표는 까맣게 잊어버린 채 일하는 순서만 꼽느라 바쁘다. 누구나 쉽게 빠지는 '할 일 목록to do list'의 유혹이다. 달성해야 할 목표를 잊어버리고 어떻게 진행하면 일과시간 내에 일을 마무리할 수 있을까에만 골몰하는 것. 연초에 수립해놓은 목표는 어디론가 사라져버리고 일하는 순서만 정해놓고 '업무추진계획'을 들여다보느라 여념이 없다. 한마디로 수립한 연간목표와 월간, 주간 실행업무들이 완벽하게 따로 놀고 있는 것이다. 이런 현상을 우리는 주변에서 흔히 볼 수 있다.

그러나 우리가 집중해야 할 것은 해야 할 일인 업무나 과제가 아니라, 업무나 과제수행을 통해 다다르고자 하는 '목표'다. 기존의 업무 매뉴얼에 따라 순서대로 생각하고 규칙에 따라 일해 버릇하면 변화무쌍한 경영환경 속에서 목표를 달성하기가 어렵다. 따라서 연간목표를 달성하기 위해서는 '할 일'이 아니라 월간, 주간 '목표'로 분할해야 한다.

아무리 맛있는 피자도 한 입에 넣을 수는 없으니 잘라 먹지 않는가. 마찬가지로 목표도 관리하기 힘든 커다란 덩어리 그대로 놔둬서는 결코 올바르게 세웠다고 할 수 없다. 아무리 목표달성이 시급하다 해도 한 입에 넣을 수는 없는 일이니, 연간목표를 수립할 때 먹기 좋게, 달성하기 쉽게 미리 월간 또는 주간 단위로 나누어 설정해야 한다.

이는 단순히 12개월이나 52주로 기계적으로 나눈다는 의미가 아니다. 일의 특성과 업의 본질, 비수기·성수기 등의 시간적 흐름을 반영하여 실행주기에 따라 연간목표를 쪼개는 것을 의미한다.

연간목표를 일상목표로 쪼갤 때는 기준이 있다. 흔히 당장 급하고, 중요하다고 판단되는 일들에 우선순위를 두게 마련이다. 그러나 생각해보자. 이때 누구의 관점에서 중요성을 판단하는가? 자신의 주관적인 판단에만 의존하고 있지는 않은가?

일을 시킨 것은 상위조직이고, 궁극적으로 '회사'다. 그런데도 실무자인 자신의 입장에서만 중요하고 급한 일을 판단한다면, 과연 그것이 회사의 우선순위와 100% 일치할까? 그렇지 않다. 따라서 연간목표를 일상목표로 쪼갤 때는 그 기준을 개인이 아닌 회사 관점에 두어야 한다.

이 점을 유념하면서, 이제부터 구체적으로 목표를 쪼개는 방법에 대해 알아보자.

연간목표 또는 2~3년이 걸리는 중장기목표는 중간 경유지로 거쳐가야 하는 '과정목표'로 분해하자. 그 방법은 다음과 같이 크게 3가지로 나뉜다. 첫째, 목표를 우선순위에 의해 쪼개는 방법, 둘째, 타깃을 중심으로

'중복되지 않고, 빠짐없이' 쪼개는 방법, 셋째, 현장접점의 고객 행태를 직접 관찰하여 이를 기준으로 쪼개는 방법이다.

첫 번째 방법은 우선순위에 의해 쪼개는 것이다. 이때는 달성해야 하는 목표의 조감도를 감안하여 전략적 중요도와 실행의 긴급도에 의해 우선순위를 결정한다. 여기서 말하는 '전략적 중요도'란 다름 아니라 상위조직의 목표달성에 미치는 영향력을 의미한다. 하나의 목표를 달성함으로써 다른 목표들에 얼마나 기여할 수 있는지, 달성할 목표가 자신의 목표뿐 아니라 자신이 속한 팀, 상위조직의 목표달성에 기여하는 것은 무엇인지, 최고의 평가를 얻을 수 있는 것은 무엇인지 등을 점검하여 목표의 전략적 중요도를 판단할 수 있다.

한편 '실행의 긴급도'를 기준으로 할 때는 달성해야 하는 시기에 따라 우선순위를 정한다. 타이밍이 중요한지, 납기가 코앞에 닥친 일인지, 방치해두면 감당할 수 없는 부정적 효과를 초래할 것인지 등을 파악하여 실행의 긴급도를 판단할 수 있다.

대체로 우리는 긴급하게 생각되는 일들에 집중하는 경향이 있다. 그러나 매번 마감일정에 쫓기느라 급급하다가는 미래를 위한 준비나 계획, 예방 및 리스크 대책 수립, 자신의 가치관 정립 등 중장기적으로 필요한 역량을 쌓는 데 소홀해질 위험이 있다. 그 결과 언제나 바쁘게 살고는 있지만 정작 중요한 일은 놓치기 쉽다. 비유하자면 임시방편으로 상처를 치료했으나, 내부가 곪고 장기적으로 체력을 잃는 것은 예방하지 못하는 것이다. 근본적인 예방과 체력증진을 염두에 둔다면 실행의 긴급도에 너무 끌려다니지 않도록 스스로 중심을 잡고 일정을 지배해야 한다.

반면 중요도만 우선시하면 문제의 핵심에 골몰하느라 고민이 많고, 일이 머릿속에서 떠나지 않아 마치 오십견 걸린 듯한 정신적 피로에 시달리게 된다. 그러니 중요도와 긴급도 어느 한쪽에만 치우치지 않도록 동시에 고려하여 우선순위를 정하도록 균형감각을 유지해야 한다. 목표를 쪼개는 데 익숙해지면 눈앞의 성과를 달성할 수 있는 것은 물론이고, 미래를 위해 역량을 개발하거나 예방 및 리스크 대책을 수립하는 등의 장기적 과제도 달성할 수 있다.

목표를 쪼개는 두 번째 방법은 '중복되지 않고, 빠짐없이' 나누는 것이다. 이는 논리적 사고의 기본기와 같은 것으로, 목표를 구성하고 있는 고객 또는 대상을 구분할 때도 유념해야 할 항목이다. 예를 들어 외식사업에서 성인 여성을 분류할 때 직장여성과 주부로만 나눈다면 학생과 실업자 등은 포함되지 못한다. 또한 주부, 직장여성, 학생 등 직업으로 나누면 주부 겸 학생, 직장여성 겸 학생이라는 중복된 대상이 생긴다. 이런 경우 연령별, 거주지별, 결혼 여부 등으로 나눈다면 누락이나 중복이 발생하지 않을 것이다.

세 번째 방법은 현장접점에서 고객의 행태를 관찰하여 이를 기준으로 나누는 것이다. 예를 들어 미디어 시장의 고객을 '콘텐츠 접근도'와 '소비자 개입도'에 따라 적극적 개입층, 적극적 수용층, 수동적 다수층으로 세분화할 수 있다. 대다수의 음반회사가 수동적 다수층을 확보하는 데만 집중하여 새로운 수입창출 모델을 등한시한 반면, 컴퓨터 제조회사인 애플은 소수의 적극적 수용층과 적극적 개입층을 '아이튠즈'라는 서비스로 공략하여 새로운 수익모델을 창출한 바 있다.

이제 모든 고객을 만족시키는 일은 더 이상 가능하지 않을뿐더러 유효하지도 않다. 공략해야 할 대상을 선택하고, 그들을 위해 새로운 고객가치와 고객가치 창출방법을 찾아내는 것이 비즈니스에서 말하는 올바른 목표 정조준의 법칙이다.

한 가지 더. 이처럼 연간목표를 쪼갠 후에는 그에 필요한 자원을 효과적으로 계획하고 배분하는 과정을 잊지 말자. 시간, 인력, 정보, 예산 등의 자원을 배분할 때도 연간목표를 일상목표로 쪼개는 것과 같이 하면 된다. 즉 회사관점을 기준으로, 목표의 우선순위에 따라 배분하고, 중복되거나 빠지는 부분 없이 나누는 것이다. 목표와

자원이 우리의 한 달, 1주일, 하루를 실질적으로 지배하
게 될 때, 역설적으로 우리 또한 목표와 자원을 능동적
으로 경영해나갈 수 있게 된다.

✎ BACKWARD SCHEDULING **1**

'역계산의 법칙'이란 미래에 달성하고자 하는 목표를 먼저 디자인하고, 이를 근거로 현재수준과의 격차를 메우기 위해 단기목표를 설정하는 것이다.

✎ BACKWARD SCHEDULING **2**

미래의 목표를 달성하기 위해 SWOT분석으로 현재목표를 세우고, 제한된 자원으로 실행할 수 있는 목표를 설정한다.

✎ BACKWARD SCHEDULING **3**

미래로부터 역계산하여 목표를 설정함과 동시에, 현재와 미래를 동시에 보여주는 더블대시보드를 이용하여 목표달성 및 실행 여부를 모니터링한다.

✎ BACKWARD SCHEDULING **4**

연간목표는 우선순위에 의해, 중복되지 않고 빠지지 않게, 고객의 형태에 따라 일상목표로 쪼갠다.

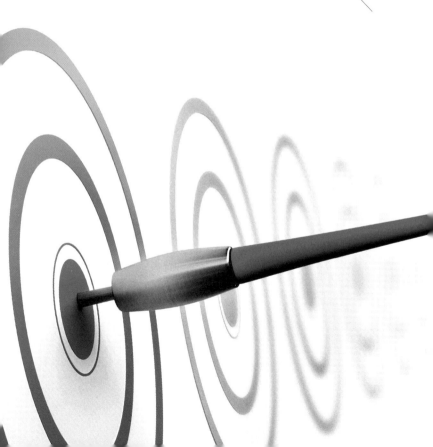

04

캐스케이딩의 법칙
CASCADING

목표는 아래로, 전략은 위로 흐르게 하라

1

—
—

목표를 인수분해하여 하위목표로 부여한다

—

목표란 한마디로 고객의 니즈와 원츠를 담아낸 결정체다. 그러므로 우리는 업무를 실행하기 전에 고객의 니즈와 원츠, 그리고 내부고객인 상위조직이나 리더의 니즈와 원츠부터 명확하게 파악하고 구체화한 후 행동으로 옮겨야 한다.

하지만 정작 현실은 그렇지 못한 경우가 많다. 리더는 리더대로 자신의 마음처럼 움직여주지 않는 구성원들이 답답하다고 언짢아하고, 구성원들은 구성원대로 도대체 리더는 언제까지 추상적인 지시만 반복할 것이냐며 볼멘소리를 하고 있는 것이 현실이다.

조직 전체적으로 목표를 제대로 정조준하기 위해서는 마치 폭포가 위에서 아래로 흐르듯 자연스럽게 상위조직에서부터 하위 구성원까지 목표가 유기적으로 연결돼 있어야 한다. 이를 위해서는 각자의 역할과 책임에 맞게 업무수행의 목적지에 대한 맥을 정확하게 짚어서 목표를 차별화되게 구분할 필요가 있다.

그러나 대부분의 조직과 기업에서는 상위조직과 하

위조직의 목표가 유기적으로 연계돼 있지 못하다. 구체적으로 서로의 목표가 어떻게 유리되는지 실상을 한번 들여다보자.

대개 실무를 담당하는 구성원이 자신의 과거 실적을 근거로 이듬해의 목표초안을 정리해 팀장에게 보고한다. 팀장은 각 팀원들의 목표를 취합한 다음, 그 자료 그대로 상부에 제출한다. 그러면 또 각 팀의 목표를 취합해 그 합을 본부 목표로 가져가고… 회사 전체가 구성원들이 제시한 목표의 단순 합을 추구하게 되는 것이다. 구성원들이 자발적으로 약속한 목표인 만큼 절차상 문제 될 것은 전혀 없다는 논리로 무장한 채.

그러나 구성원들의 목표를 단순 합산하는 것은 바람직한 방식이 아니다.

무엇보다도 개인 목표가 물리적으로 이합집산하여 팀의 목표가 됐을 뿐, 팀과 개인의 목표가 화학적 반응을 일으켜 전략적으로 분해되지 않았기 때문이다. 여러분도 실제로 그 폐해를 겪어보았을 것이다. 각자가 내놓은 목표를 모아보니 팀원과 팀원, 심지어 팀원과 팀장의 목표가 중복되거나 어느 파트에는 아무도 신경을 안 써서 구멍이 횅한 경우 말이다.

또한 조직 전체를 바라보면서 개인들에게 배분된 목표가 아니기 때문에, 개인들의 목표에 조직 전체의 중장기전략이나 연간목표가 반영되지 않았을 가능성도 높다. 극단적인 경우 구성원들이 조직 전체의 목표는 아랑곳하지 않고 그저 자기 목표만 달성하면 그만이라는 개인주의적 사고에 매몰될 수 있고, 자신이 회사에 기여해야 할 가치가 무엇인지도 모른 채 기계적으로 일만 하는 부작용도 나타나기 쉽다.

조직이나 팀의 목표는 단순히 개인 목표의 합에 머물러서는 안 된다. 거기에 플러스알파가 있어야 한다. 개인의 목표와 집단의 목표가 시너지 효과를 내기 위해서는, 목표를 설정하고 이를 구성원들에게 배분할 때 올바른 프로세스를 밟아야 한다. 그것이 바로 미들업다운^{middle-up-down} 방식의 '캐스케이딩^{cascading}' 프로세스다. '계단식 폭포'라는 뜻 그대로, 캐스케이딩은 목표를 수립할 때 위에서 아래로 내려오는 톱다운을 전제로 하되 하위목표의 달성 전략을 상위조직과 미리 합의하여 결정하는 과정을 의미한다.

다시 말해 전체 조직 차원이나 사업부의 목표와 전략을 잘 알고 있는 리더가 구성원들에게 목표를 부여하고[top-down], 실무자인 구성원들은 이를 달성하기 위한 전략을 수립하는[bottom-up] 것이다. 그런 다음 어떤 타깃에 집중하고 어떤 방법으로 목표를 달성할지 리더와 사전에 합의한다.

이 과정이 원활하게 이루어지기 위해서는 리더와 구성원 간의 교감이 매우 중요하다. 즉 리더는 조직의 목표를 명확히 인지하고 개별 구성원들에게 달성전략에 근거해 목표를 배분하고, 이와 동시에 구성원들 또한 일의 추진배경과 의도 등에 대해 리더와 공감하고 최종 목적지를 구체화해야 한다.

앞에서 연간목표를 일상목표로 쪼갰듯이, 상위조직의 목표를 하위목표로 배분할 때도 전략적 타깃을 입체적 조감도에 비추어 쪼개야 한다. 그래야 상위조직의 목표는 물론 자기 단위조직의 성과를 달성하는 데 실질적으로 기여하도록 세부목표를 구성원들에게 부여할 수 있다. 아울러 구성원들은 자신에게 부여된 목표를 어떻게 달성할 것인지, 시장과 고객에 관한 자료에서 어떤 아이디어를 끌어낼 수 있는지 등 실행방법을 고민함으로써 팀의 목표달성에 기여하게 된다.

지금까지의 설명에서 알 수 있듯이, 캐스케이딩 프로세스에서 가장 중요한 개념이 바로 '목표의 인수분해'다.

인수분해라고 하면 학창시절 배운 수학이 떠오를 것이다. 수학에서 말하는 인수분해란 하나의 다항식을 2개 이상 인수의 곱으로 나타내는 것이다. 인수분해를 잘하려면 다항식이 어떤 인수로 구성되었는지 해석할 수 있는 통찰력이 필요하다.

목표달성전략을 수립할 때도 마찬가지다. 즉 나열돼 있는 객관적 자료나 사실들을 보고, 그 너머에 있는 근본요소를 파악해 공통으로 처리할 인수와 개별로 처리할 인수를 구분해내야 한다. 비즈니스에서도 눈앞에 나타난 개별 현상이나 정보들을 잘 분석해보면 그 속에서 공통점을 발견할 수 있고 이를 하나의 타깃, 즉 '인수'로 구별할 수 있다.

목표를 인수분해한다는 것은 전략을 실행하기 좋도록 세부 타깃을 쪼개는 작업을 의미한다. 단순 분할이 아니라 인수분해인 만큼, 인원, 대상 숫자, 개월수 등 눈에 보이는 기준으로 기계적으로 나눌 것이 아니라 공략 대상의 종류와 특징, 제공해야 할 가치 등을 기준으로 다양하게 쪼개야 한다.

예를 들어 여러분이 회사와 아파트가 밀집한 동네의 외식체인점 사장이라고 가정해보자. 최근 들어 계속되는 매출부진 때문에 근본적인 원인을 찾아서 문제점을 해결하려고 한다.

가장 먼저 외식사업에서 매출을 결정짓는 요인들을 나열해보았다. 점포당 매출과 좌석수, 1인당 영업액과 영업사원 수, 판매가격과 판매수량, 월 매출액과 판매 개월수 등 다양한 요인들이 이어졌다. 파악된 요인들을 바

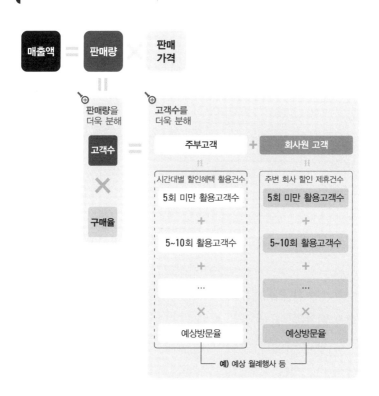

매출액 인수분해 사례

매출액 = 판매량 × 판매가격

판매량을 더욱 분해
= 고객수 × 구매율

고객수를 더욱 분해

주부고객 + 회사원 고객

시간대별 할인혜택 활용건수	주변 회사 할인 제휴건수
5회 미만 활용고객수	5회 미만 활용고객수
+	+
5~10회 활용고객수	5~10회 활용고객수
+	+
...	...
×	×
예상방문율	예상방문율

예) 예상 월례행사 등

목표의 인수분해
물리적 분해(1/n)가 아니라 화학적 분해

탕으로 매출액을 어떻게 인수분해할 수 있을까?

만약 외식체인점의 매출을 결정하는 가장 중요한 요인을 판매량과 판매가격으로 판단했다면, 앞의 그림과 같이 1차적으로 인수분해할 수 있다. 이때 판매가격은 체인점이라는 특성 때문에 조정하는 데 한계가 있으며 동네에서 경쟁하는 외식매장과 거의 유사하다고 가정할 때, 가격보다는 판매량을 한 번 더 인수분해하는 것이 합당하다.

판매량은 고객수와 구매율로 인수분해할 수 있다. 이때 고객수는 지역 및 업의 특성을 반영하여 고객의 구성요소로 쪼개지는데, 예를 들면 주부고객과 회사원 고객으로 나눌 수도 있다. 구분된 주부고객과 회사원 고객을 다시 인수분해할 때는 연령이나 성별 등과 같은 인구통계학적 기준으로도 할 수 있지만, 그보다는 좀 더 전략적으로 생각할 필요가 있다. 다시 말해 20대 주부, 30대 주부 등으로 나누는 것보다는 '자녀들이 학교에 간 동안 모임을 갖는 주부들'처럼 시간대별 할인혜택의 효과를 기준으로 나누는 것도 생각해볼 수 있다.

또한 구매량이 우수한 고객과 미약한 고객으로 인수분해할 수도 있다. 만약 쪼개진 인수들을 분석한 결과 우리 매출의 주요 고객은 시간대별 할인혜택을 5~10회 이상 적극적으로 활용한 주부고객들인 것으로 판명되었다면, 이들을 핵심고객으로 분류하고 판매전략도 전면 고쳐 세워야 한다.

이와 같이 매장 매출액을 기준으로 구성원들과 인수분해함으로써 리더는 어떤 고객, 어떤 서비스로 접근해야 하는지 결정하고, 구성원들 스스로도 어떤 역할을 수행하고 책임을 맡아야 하는지 깨달을 수 있다. 아울러 목표를 달성하기 위한 전략수립에 구성원들도 보다 적극적으로 참여하게 된다. 이처럼 캐스케이딩 방식은 자신의 목표가 상위조직의 목표달성에 보다 가치 있게 기여하는 데, 그리고 전체 조직이 원하는 목표를 정조준하는 데 없어서는 안 될 중요한 법칙이다.

그런데 대개의 조직은 이 같은 인수분해 과정을 거치지 않고 실무 과장이나 대리들 몇 명이서 전체 조직이나 팀 목표의 초안을 잡고 정리하여 기안하는 안타까운 방식을 택하고 있다. 이런 방식은 전체 구성원들로 하여금 목표의 타당성을 의심하게 만들 뿐, 조직 전체의 목표를 수립하는 데는 별반 도움이 안 된다.

예를 들어보자. 아래의 그림은 모기업의 전략기획 본부장과 본부 소속 경영전략팀에서 목표기준을 설정한 실제 사례다.

표에 따르면 본부차원의 전략과제가 '전사 연간목표 달성', 또는 '전사 예산관리 강화' 등으로 되어 있다. 그

목표기준을 디바이딩한 사례

전략기획본부장		경영전략팀장	
CSF	KPI	CSF	KPI
전사 연간목표 달성강화	연간목표 달성률	전사 연간목표 달성강화	연간목표 달성률
전사 예산관리 강화	투자/경비 예산준수율	전사 예산관리 강화 전사 예산관리 강화	투자예산 준수율 경비예산 준수율

런데 이 전략과제의 목적달성 여부를 평가하기 위한 KPI가 경영전략팀 차원에서 책임지는 KPI와 동일하다는 것을 알 수 있다. 상하조직 간에 전략적 캐스케이딩이 이루어지지 못한 전형적 사례다.

그렇다면 이를 캐스케이딩 방식으로 운영하려면 어떻게 해야 할까?

우선 본부장이 본부의 목표를 달성하기 위해 경영전략팀에 부여할 전략과제를 결정한다. 그다음 이를 가지고 다시 본부장과 팀장이 모여 본부목표 달성전략을 마무리하는 과정을 거쳐야 한다. 이 자리에서는 어떤 목표가 상위조직의 목표달성을 위해 더 중요한지 토의하고, 팀 성과책임에 따른 보다 세부적이고 실천 가능한 KPI를 도출해야 한다. 이렇게 목표를 잘게 인수분해해야 구성원들이 목표달성전략을 수립할 수 있고, 적극적으로 실행에 옮길 수 있다.

이 과정은 목표를 쪼개는 것 이상의 의미가 있다. 리더와 구성원이 모여서 목표달성전략에 대해 치열한 토론을 해가는 과정을 통해 구성원들은 지금 하고 있는 과제나 업무가 상위조직의 어떤 성과에 얼마나 중요한 영향을 미치는지 깨닫게 된다. 그러기 위해 리더는 목표에 대한 타당한 근거를 가지고 구성원에게 목표를 부여하도록 노력을 기울여야 한다. 아울러 구성원은 합의해 받아들일 수 있는 목표라면 수용하되 이견이 있을 때는 객관적 자료를 바탕으로 의견을 제시하고, 필요한 자원이 있다면 기탄없이 요청해야 할 것이다.

누구나 목표설정 과정에 직접 참여하게 되면 아무리 작은 일이라도 책임감을 느끼고 좋은 결과를 만들기 위해 노력하게 돼 있다. 더구나 상위목표와 자신의 목표 간의 연계성을 알게 된다면 보다 구체적이고 실현 가능한 형태로 목표달성전략을 수립할 수 있을 것이다. 그래서 리더는 다소 시간이 걸릴지라도 목표를 합의하고 실행하는 과정에 대해 구성원들과 끊임없이 소통해야 한다. 본인의 목표를 설정하는 과정에 정작 자신이 참여하지 못하면 당연히 수동적인 분위기가 만들어질 수밖에 없으며, 이는 탁월한 성과를 창출하는 데 커다란 걸림돌로 작용할 것이다.

따라서 캐스케이딩 프로세스를 통해 목표를 설정할 때는 브레인스토밍과 워크숍 등을 통해 가급적 구성원들의 참여를 유도하자. 그렇게 했을 때 업무결과에 대한 구성원들의 수용성도 높아질 수 있음을 잊지 말기 바란다.

2

—

타깃전략을 수립하여

상위조직과 합의한다

—

성과경영 시스템과 관련해 그동안 100개 이상의 기업에서 컨설팅을 하고 700여 기관과 기업에서 강의와 자문을 하면서 느낀 점이 있다. 그것은 개인이나 조직들이 성과가 부진하면 자신이 전략을 잘못 수립했다고 반성하는 것이 아니라, 글로벌 금융위기라든지 환율급등락 같은 외부 시장환경 탓을 하는 경우가 많다는 것이다.

그러나 실상을 살펴보면 외부환경 때문에 성과가 부진한 경우는 고작 10% 정도에 불과하다. 나머지 90%는 대부분 우리가 능히 통제할 수 있는 내부요인에 의해 발생한다. 더욱 안타까운 것은 그중에서도 우리가 공략해야 할 타깃을 분명히 설정하지 않아서 성과가 부진한 경우가 무려 70%나 된다는 사실이다.

예를 들어보자. 회사의 홍보관 운영 책임을 맡고 있는 한 팀장은 최근 들어 방문객이 20% 이상 증가했다는 반가운 보고를 들었다. 그중에서도 5~10세 어린이 방문객이 차지하는 비율이 15%이고, 향후에는 25%까지 늘어날 것이라는 예측이 특히 눈에 띄었다.

그런데 예상되는 문제가 있었다. 어린이 방문객이 늘어나면서 홍보관 안내 서비스를 신청하는 단체가 너무 많아진 것이다. 현재는 하루에 세 차례 정해진 시간에만 안내를 실시해왔지만, 앞으로 개별안내를 요청할 어린이 단체방문이 늘어날 것에 미리 대비해야겠다고 판단했다. 안내인원을 늘리는 것은 예산 문제가 있으니 그 대신 안내책자를 보강해야겠다는 결론을 내리고, 한 팀장은 이 과장에게 효율적인 홍보 매뉴얼을 제작하라는 과제를 부여했다.

이에 이 과장은 늘어나는 방문객들이 홍보관 안내책자만 보고도 이해할 수 있도록 각 홍보 부스에 비치된 기존 안내책자의 내용을 업데이트하겠다는 보고서를 제출했다. 그러나 한 팀장의 반응은 싸늘했다. 왜냐하면 한 팀장이 효율적인 홍보 매뉴얼을 만들라고 한 의미는, 모든 방문객에게 동일한 포맷으로 설명하는 것이 아니라 성인용과 별도로 어린이용 책자를 따로 만들라는 것이었기 때문이다.

밤새도록 보고서를 작성한 이 과장으로서는 자신의

노력을 인정해주지 않는 한 팀장이 원망스럽기만 했다. 그러나 상사가 원하는 아웃풋 이미지에 대해 사전에 명확하게 인지하지 않아서 타깃을 구체화하지 못한 것은 이 과장 잘못이다. '효율적인 홍보 매뉴얼 작성'이라는 일에만 몰두하지 않고, 그 일이 궁극적으로 달성하고자 하는 목적을 이해하고 '어린이'라는 타깃에 집중하여 실천계획을 세웠더라면 불필요한 시간낭비는 얼마든지 예방할 수 있었을 것이다.

이처럼 상위목표를 달성하는 데 자신의 역량을 보태고자 한다면, 목표를 수립할 때 다음의 3가지 조건을 명심해야 한다.

첫째, 목표달성에 가장 중요한 영향을 끼치는 '핵심성공요인'과 '예상장애요인'을 분석하여 세부과제목표를 설정하는 데 활용해야 한다.

이는 곧 '타기팅^{targeting}'으로, 목표의 맥^脈을 짚는 것과도 같다. 타기팅이란 자신이 달성할 목표의 핵심공략 지점을 구체적으로 정하는 것으로, 사냥으로 치면 사냥감의 급소를 찾는 것과 같다. 다시 말해 단순히 대상만을 지칭하는 것이 아니라 목표를 달성하기 위해 집중해야 하는 지점과 업무내용, 프로세스 등을 모두 포괄하는 개념으로 이해해야 한다. 타기팅을 할 때는 특히 핵심성공요인을 중심으로 공략타깃과 구체적인 달성전략을 설정하는 것이 중요하다.

최근 한 예능 프로그램이 옛 가요를 새롭게 편곡하여 가수들에게 부르게 함으로써 가요시장에 신선한 바람을 일으킨 바 있다. 이 프로그램의 PD는 함께 일하는 스태프들에게 프로그램의 타깃 고객은 '42세의 중학생 자녀를 둔 아줌마'라고 구체적으로 지목했다 하여 화제가 됐다. PD는 이들이 1980~90년대 문화에 대한 향수를 가지고 있다며 이들이 주로 어떤 것에 관심이 있는지, 그리고 어떤 부분이 이들의 프로그램 시청에 장애가 되는지 등에 관해 구체적으로 이해하고 제대로 알아야 한다고 강조했다고 한다.

고객 기초 데이터

- 평균 43세 대졸여성
- 가족적
- 자녀교육에 관심이 많음

고객이 바라는 가치

- 아파트 부녀회 모임장소 섭외
- 포인트 / 마일리지 혜택
- 가격할인 혜택

고객이 원하는 가치

- 자녀교육 및 양육정보 교환
- 가족 건강관리 정보
- 주변지역 활용정보

타깃고객 초상화

자녀교육과 가족건강을 중시하는 미시 주부

- 전업주부인 A씨는 선릉역 근처 아파트에 6년째 거주하며, 중학교 1학년인 아들과 초등학교 4학년인 딸을 두고 있다.
- 양육 외에도 남편 건강관리를 위해 아파트 주변의 헬스클럽이나 골프연습장에 관심이 많다.
- 이런 정보는 ○○아파트 부녀회 회원들에게서 많이 얻고 있다.
- 아울러 부녀회 총무로서 평일 오전 10~12시까지 이용할 수 있는 모임장소를 알아보지만, 장소가 마땅치 않아 고민스럽다.
  적정한 가격으로 간단한 점심식사와 차 한잔 할 수 있는 모임장소를 물색하고 있다.
- 신용카드 사용을 선호하며, 이왕이면 마일리지를 적립해주는 곳이 좋다.

막연한 타깃보다는 실명 타기팅이 적절
40대 주부(×) → ○○아파트 부녀회 50명(○)

이처럼 타깃은 대상이 누구인지가 저절로 연상될 정도로 이미지가 뚜렷해야 한다. 실제로 내가 컨설팅했던 한 외식기업은 매장별 타깃 고객을 막연히 '40대 주부'

나 '30대 직장여성' 등과 같이 추상적으로 지칭했을 때의 매출과 '○○아파트 부녀회 50명', '인근 제철회사 △△ 사업부 30~33세 주임 및 대리급 여사원 40명'으로 설정했을 때 매출이 뚜렷이 차이 난다는 것을 경험했다.

타기팅을 할 때는 시간적인 관점도 함께 고려하는 것이 좋다. 연간목표를 실행하기 위해 월간, 주간, 일일단위로 쪼갤 때는 사람이든, 집단이든, 일이든 앞단에 구체적인 실명實名을 붙이는 것이 중요하다. 한마디로 표적을 맞히기 좋도록 줌인zoom-in하라는 것이다. 물론 연간목표의 경우 타깃을 정확하게 형상화하는 것이 어렵겠지만, 월간이나 주간, 일일목표라면 단기간에 공략해야 할 대상이 보다 명확히 보이기 때문에 실명을 붙이는 것이 가능하다.

'백화점 매출액 3억 원 증대'라는 목표를 사례로 들어보자.

먼저 이 목표를 염두에 두고 도움이 되는 타깃이 누구인지, 그리고 방해가 되는 타깃은 없는지 구분한다. 예를 들어 주력상품 A의 매출을 늘린다거나 재고가 늘어나고 있는 P제품을 신제품으로 대체하는 등의 활동은 목표달성에 도움이 되는 긍정적인 요인일 테고, 잦은 반품, 불규칙한 신제품 입고 등은 방해가 되는 요인일 것이다.

이렇게 핵심성공요인과 예상되는 장애요인들을 찾아냈다면, 긍정적인 요인은 그대로 살려서 세부실천과제와 수치목표를 설정하고, 부정적인 요인이 있다면 그것을 극복할 수 있는 방안을 세부실천과제로 만들고 수치목표를 설정하면 된다.

둘째, 자신이 활용할 수 있는 자원과 역량을 고려해 상위목표를 달성하기 위한 전략과제를 구체화해야 한다.

핵심성공요인과 예상장애요인 중에는 자신의 역량으로 해결할 수 있는 것이 있는 반면, 역량 밖의 문제들도 있을 것이다. 그러므로 목표를 확정하기 전에 자신의 역량이 어느 정도인지 파악하고, 장점과 약점을 이해하는 과정이 선행돼야 한다. 전략을 수행하는 최적의 조건과 현재 내 역량 간에 얼마나 간극이 있는지를 명확하게 인식해야 자신에게 적합한 전략과제를 도출할 수 있다. 그래야만 자원의 효율적인 배분도 가능해진다.

이와 함께 예산, 시간, 정보 등의 자원에 한계가 있다는 사실을 잊지 말아야 한다. 부족한 자원 때문에 때로는 부득이하게 핵심성공요인과 예상장애요인을 목표에 반영하지 못하는 경우도 생긴다. 그러니 어떤 요인을 최우선으로 감안할지 결정해 선택과 집중을 하는 운용의 묘를 살려야 할 것이다.

셋째, 목표를 설정했으면 타깃별로 창의적이고 혁신적인 공략방법을 수립해야 한다.

이때는 기존의 방법과는 다른 새로운 아이디어를 가지고 고객의 불편사항을 해결하고 새로운 가치를 제공하는 것을 최우선으로 해야 한다. 과거에는 새로운 아이디어를 내면 조직에서 '튀는 사람'으로 낙인찍혀 손가락질을 받았지만, 이제는 아니다. 일반기업이든 공공기관이든, 목표를 달성하기 위해 구성원들에게 혁신적이고 창의적인 생각을 요구하도록 세상이 바뀌었다.

예를 들어 KT&G에서 발매된 '레종 팝 17+3' 담배를 보자. 흡연자 중에는 늘 피우던 담배 맛과는 별개로 가끔은 멘톨 맛을 즐기고자 하는 이들이 있다. KT&G는 이런 고객의 니즈를 충족시키기 위해 '+3'의 공략방법을 수립했다. 17개비는 기존의 레종 레드이지만, 나머지 3개비는 박하향이 나는 멘톨이다. 두 가지 취향을 함께 즐기고픈 고객의 요구사항을 반영한 차별화된 아이디어 제품이다.

기존의 타성에 젖어 해야 할 업무과제만 줄줄이 나열하는 업무계획으로는 아무리 역량이 뛰어난 사람도 목표를 달성할 수 없다. 항상 상위조직의 목표달성에 기여할 수 있는 가치 있는 타깃이 무엇인지 찾고, 주변사람들이나 특정 고객들과 깊이 있는 대화를 나누며 의견을 교환하여 타깃별 공략방법을 수립하기 위해 노력해야 한다.

3

목표 간의 균형감각으로

미래와 현재를 동시에 밝힌다

많은 기업이나 개인들이 목표를 잡을 때 가장 신경 쓰는 것이 무엇일까? 아무리 중요한 것이 많다고 해도, 결국은 숫자로 나타나는 '결과'가 아닐까 한다. 심지어 어떤 경영자는 재무적인 수치목표만 앞세워서, 과정이야 어떻든 무조건 일정 기간이 지나고 나면 눈에 보이는 결과치만 놓고 구성원들을 압박하곤 한다.

그러나 숫자만을 판단기준으로 삼는 것이 과연 올바른 것일까? 이런 리더와 일하는 구성원들이 다른 모든 요소는 나 몰라라 하고 결과치에만 목숨 걸 것은 불을 보듯 빤하다. 그렇다고 성과가 좋아지는 것도 아니다. 목표 가운데는 지금 당장은 긴요하지 않지만 장기적으로 보았을 때 반드시 달성해야 할 항목들이 있다. 그런데 단기실적에만 급급하다 보면 목표를 달성하기 위해 선행되어야 할 다른 중요한 것들을 놓치게 되기 때문에 결과적으로 시간과 자원의 낭비를 초래한다.

잊지 말자. 목표를 설정할 때는 균형감각이 중요하다. 무엇에 대한 균형감각인가? '전략목표와 본연목표의

균형', '목표설정 관점의 균형', 그리고 '선행목표와 후행
목표의 균형'이 그것이다.

첫째, '전략목표와 본연목표의 균형'을 유지해야 한다.
상위조직이 원하는 목적을 달성하기 위해 캐스케이
딩 과정을 거쳐 자신에게 부여된 목표를 '전략목표'라 한
다. 전략목표는 상위조직과 하위조직의 목표를 이어주는
연결고리인 동시에, 무엇보다도 당해 연도에 반드시 완
결지어야 하는 가장 중요한 목표다.

한편 전략목표 외에도 구성원들이 성과책임 안에서
도전적으로 수행해야 하는 업무가 있다. 자신이 일하는
본연의 미션이나 조직의 목표를 달성하기 위해 스스로
설정하고 결과에 대해서도 책임을 지는 목표로, 이를 '본
연목표'라 한다. 본연목표는 전략목표보다는 상대적으로
덜 중요하게 인식되곤 하지만, 중장기적으로 팀을 위해
본인이 기여해야 할 목표를 설명하는 것이기에 가벼이
여겨서는 안 된다.

여러분이 남성의류를 판매하는 영업사원이라고 가정해보자.

올해에 영업팀장이 여러분에게 남성슈트 신규모델 1,000벌을 판매하라고 목표를 내려줬다면, 그것이 바로 전략목표가 된다. 여러분은 팀장이 부여한 목표를 달성하기 위해 온갖 노력을 다할 것이다. 좋은 자세다. 그러나 문제는 슈트 1,000벌을 파는 데 모든 역량을 집중하느라 그 외의 본연적인 일들에는 전혀 손을 대지 못한다는 것이다.

실제로 대부분의 구성원들이 상위조직으로부터 부여받은 목표에 더 큰 관심과 노력을 기울인다. 당장 눈앞에 떨어진 지상과제가 있으니 다른 곳에 신경 쓸 여력이 없다는 것이다.

그렇다 하더라도 전략목표에만 매몰되는 것은 옳지 않다. 아무리 전략과제가 중요하더라도 영업사원으로서 본연의 임무를 망각한다면 곤란하지 않겠는가. 최근 남성고객들의 의류 소비성향이나 경쟁사의 동향을 파악해두지 않으면 이듬해의 영업전략을 어떻게 개발하겠는가.

따라서 아무리 바쁘더라도 시간을 쪼개 업계동향을 공유하고 신규 아이템을 지속적으로 제안하겠다는 의지를 표명하고 목표에 반영해야 한다. 이것이 장기적으로 추구해야 할 본연목표다.

물론 전략목표와 본연목표를 균형 있게 설정한다고 해서 기계적으로 5대 5로 비중을 두라는 말은 아니다. 상위조직의 목표에 기여해야 하는 성과책임이 클수록 전략목표의 비중 또한 높아야 할 것이다.

예를 들어 해외영업팀, 국내영업팀, 영업기획팀으로 구성된 영업본부가 있다고 가정하자. 이 본부는 앞으로 해외진출을 강화할 예정이다. 그러나 아직은 해외사업 초기 단계이기 때문에 본격적인 영업활동보다는 해외시장 조사와 해외고객 발굴이 중요한 단계다. 이 역할을 수행하는 부서는 영업기획팀이므로, 이들이 전체 영업본부의 목표에 대한 성과책임을 타 부서보다 크게 지게 된다. 따라서 영업기획팀은 전략목표의 비중을 타 팀보다 상대적으로 높게 설정해야 한다.

둘째, '목표설정 관점의 균형'이 중요하다.

목표를 설정할 때는 최종성과인 재무적 관점뿐 아니라 비재무적 목표인 고객, 내부 프로세스 혁신, 학습과 성장이라는 목표도 비중 있게 고려해야 한다. 물론 이또한 관점의 균형을 의미하는 것이지 반드시 목표를 균등분할하라는 뜻은 아니다. 예를 들어 기업에 따라 최종성과인 재무목표를 20%, 고객목표는 20%, 내부 프로세스 혁신 목표는 40%, 학습과 성장 목표는 20%로 설정할 수 있다.

셋째, '선행지표와 후행지표의 균형'을 생각해야 한다.

이는 최종목표만이 아니라 최종목표를 달성하기 위해 선행되어야 할 활동들의 목표를 함께 설정해야 하며, 이들 목표가 서로 어떻게 연계돼 도움을 주는지도 알아야 한다는 의미다. 예를 들어 매출액이나 영업이익, 당기순이익, 고정고객수 등과 같은 목표는 단기성과 성격의 후행지표이고, 구성원 직무 만족도, 불량률, 납기 준수율 등은 단기적인 성과에 영향을 미칠 뿐 아니라 장기적인 경쟁우위를 확보하기 위해서도 필요한 선행지표에 해당한다. 기업의 장기적 생존을 위해서는 단기성과에만 집착해서는 안 되며, 선행지표를 꾸준히 향상시켜 장기적인 경쟁우위를 확보해가야 한다.

기업과 개인들이 하나같이 단기 수치목표만 바라보고 달려간다면, 현재의 역량으로는 도저히 뛰어넘을 수 없어 보이는 도전적인 목표를 세우거나 큰 뜻을 품는 일은 일어나기 어려울 것이다. 그러나 고객, 내부 프로세스, 학습과 성장의 관점에서 선행목표를 충실하게 세우고 이를 묵묵히 달성하는 과정이 뒷받침된다면 불가능한 일만은 아니다. 반복적인 실행과 학습을 통해 역량을 내 것으로 만들 수 있을 테니 말이다. 그 결과 당장은 버겁게만 보이는 수치목표에도 한 걸음 다가설 수 있을 테니, 이것이야말로 먼 미래와 눈앞의 현실을 모두 밝혀주는 든든한 등대가 아니겠는가.

✏️ CASCADING **1**

상위목표를 인수분해하여 하위목표로 부여하는 캐스케이딩을 통해 상위조직과 하위 구성원의 목표를 유기적으로 연결해야 한다.

✏️ CASCADING **2**

상위조직은 목표를 부여하고, 하위조직은 이를 달성하기 위한 전략을 수립해 합의하는 '미들업다운' 과정이 필요하다.

✏️ CASCADING **3**

목표를 달성하는 데 중요한 영향을 끼치는 '핵심성공요인'과 '예상장애요인'을 분석하여 핵심타깃별로 공략방법을 수립해야 한다.

✏️ CASCADING **4**

목표는 전략목표와 본연목표 사이의 균형, 관점의 균형, 그리고 선행목표와 후행목표 간의 균형을 이루어야 한다.

05
악어새의 법칙
EGYPTIAN PLOVER BIRD

나를 뛰어넘어 전체의 파이를 키워라

1

공헌목표, '부분 최적화'보다 '전체 최적화'를 지향한다

회사 일을 하다 보면, 타 부서나 동료의 협조 없이는 결코 진행될 수 없는 일들이 종종 생긴다. 이럴 때 회사나 사업부 전체가 잘되고 시너지 효과를 낼 수 있도록 앞장서서 다른 사람의 목표를 도와준다거나 자신의 목표에 반영해 달성하려고 노력하는 사람들이 얼마나 있을까? 모르긴 몰라도 '거의 없다'고 단언해도 틀리지는 않을 것이다.

회사는 목표를 설정할 때 전체 목표가 잘 달성될 수 있도록 각자 공헌해야 할 목표들을 하위조직이나 개인에게 배분하기도 한다. 그러나 이럴 때마다 어딘가에서는 늘 불만이 끊이지 않고 협조도 잘되지 않는다. 이런 현상이 왜 자꾸만 반복되는 것일까?

이는 전체를 생각하지 않고 자기 목표를 달성하는 데만 맹목적으로 몰입하는 이기적인 마음에서 비롯된다. 부서 이기주의가 팽배하면 아무리 뛰어난 인재들이 모인 조직이라 해도 성과를 낼 수 없다. 오히려 서로 자신에게 유리한 방향으로만 목표를 설정하려 하거나, 또는 겉모양만 번지르르하게 포장해 마치 엄청난 목표라도 세운

양 자랑하는 우스꽝스러운 광경이 연출되기 십상이다.

이런 현상이 기업의 골칫거리가 된 지는 이미 오래다. 많은 기업들이 내부의 지나친 경쟁심리 때문에 부서 간 장벽이 높아지고 부서 이기주의가 만연하고 있음을 탄식하고 있다. 이와 관련된 경영학 용어로 '사일로 효과 Organizational Silos Effect'라는 말이 있다. 원래 사일로는 곡식을 저장해두는 굴뚝 모양의 창고를 일컫는 단어로, 기업의 사업부들이 다른 사업부와는 철저히 담을 쌓고 어떤 협의나 협조도 없이 자기 이익만을 추구하는 모습이 흡사 사일로와 닮았다는 데서 유래한 말이다. 아닌 게 아니라 사업부장들과 인터뷰를 해보면 회사 전체의 성과를 감안하여 사업부가 기여할 수 있는 목표를 확정하는 것이 아니라, 오로지 자기 사업부의 목표를 어떻게 하면 좀 더 쉽게, 좀 더 편하게 달성할 수 있는지에만 신경 쓰는 광경을 종종 보게 된다.

금융권을 예로 들어보자. 은행은 지난 한 해 동안의 전체 영업이익을 분석하여 올해 달성해야 할 목표를 확정하고 이를 각 지점으로 배분한다. 이때 각 지점에서는 어떻게 하면 자기 지점에 유리한 방향으로 예금이나 대출 등의 목표를 부여받을 수 있을지 온갖 궁리를 다하며 골몰하는 현상을 볼 수 있다. 즉 각 지점이 은행의 전체 목표를 조금이라도 더 키우겠다는 마음으로 자신들이 좀 더 기여할 수 있는 방향으로 목표수준을 제안하는 것이 아니라, 그저 어떻게 하면 우리 지점이 한결 편하게 목표를 달성할 수 있을지, 혹은 다른 지점보다 유리한 조건으로 목표를 확정할 수 있을지에만 신경을 곤두세운다는 것이다.

이런 얄팍한 생각들은 그대로 하위조직으로 전파되어 구성원들에게도 좋지 않은 영향을 미치게 되며, 결국 은행의 전체 성과가 하향평준화되는 결과를 낳게 된다. 심지어 지점 간의 경쟁이 치열해진 나머지, 서로 자기 지점에 고객을 더 유치하겠다는 이기적인 생각이 발동해 타 지점의 고객을 뺏어오거나 서로 공유할 수 있는 정보를 감추고 내놓지 않는 현상이 목격되기도 한다.

왜 이처럼 자신의 목표에만 신경 쓰고 회사 전체의 목

표는 고려하지 않게 되는 것일까? 최근 한 연구결과에 따르면 그 이유를 3가지로 요약할 수 있다.

첫째, 회사는 성과를 달성하기 위해 조직을 분할하고 통합 관리하게 되는데, 근무지 등이 지리적으로 분산되고 업무도 기능 중심으로 분할되다 보니 자연스럽게 발생하는 현상이라는 것이다. 다시 말해 기능 중심으로 분할하여 조직을 운영함에 따라 조직 간 커뮤니케이션이 부족해지고, 구성원들 간의 교류도 어려워진 데서 그 이유를 찾을 수 있다.

둘째, 업무가 세분화되고 전문화되면서 자신의 업무에만 집중하고 타 부서의 업무내용에는 관심이 멀어지는 경향이 나타난다. 그에 따라 전체 목표를 고려하여 유기체적 관점에서 부서의 목표를 설정하기보다는 자신의 일이나 부서에만 집중하는 현상이 발생한다. 한마디로 '내 일만 잘하면 되지'라는 정서가 팽배해지는 것이다.

셋째, 일부 기업들에서 최종 결과만을 중시하는 풍조가 강해지다 보니 부서 간 경쟁과 개인 간 경쟁도 덩달아

심화돼, 일부러 서로를 무시하는 현상이 나타나게 됐다.

　이러한 문제들 때문에 오늘도 수많은 조직들이 개인이나 팀의 목표를 조직 전체의 시너지로 극대화하는 방안을 찾지 못한 채 골머리를 앓고 있다. 실제로 기업들을 살펴보면 사업부나 팀들은 목표를 달성했으나 회사 전체는 목표를 채우지 못하는 기묘한 현상이 나타나기도 한다. 사업부 목표의 합이 회사 전체 목표로 이어지지 않는 것이다. 이런 상황에서 미래 비전이나 중장기목표를 세운다는 것은 언감생심 꿈도 못 꿀 일이다.

　이러한 현상은 단위조직 목표의 합 이상으로 전체 목표가 관리되는 '목표경영'의 필요성을 환기시킨다. 물론 대부분의 조직에서 부서 간 장벽이 발생하는 것은 개인 간 갈등과 마찬가지로 필연적인 현상인지도 모른다. 그러나 '1+1=2'라는 식으로 2명이 모여 2명 몫의 목표만을 달성한다면, 구태여 조직을 구성하고 목표를 부여하는 의미가 있을까? 2명이 모여 3명 몫의 목표를 성취할 때 비로소 조직의 '시너지'를 창출할 수 있다. 그러기 위해서는 타 부서와의 연대가 불가피하다. 타 부서 또는 동료의 목표를 달성하기 위해 내가 지원하고 기여할 수 있는 목표를 구체적으로 설정하고 운영해야 한다는 것이다.

그렇다면 이러한 문제들을 어떻게 해결할 수 있을까?

회사나 사업부의 성과를 달성하기 위해서는, 무엇보다 팀장과 실무자들이 사업부나 회사의 니즈와 원츠를 정확하게 파악해 자신들의 목표에 반영하는 작업이 선행되어야 한다. 동시에 사업부나 부서 간, 그리고 실무자 사이에도 서로에게 기여할 수 있는 바가 무엇인지 심도 있게 고민하는 과정이 필요하다. 즉 '공헌목표'를 제대로 설정해야 한다는 것. '공헌목표'는 회사 전체 목표를 달성한다는 공감대 하에 다른 팀이나 동료 실무자의 목표달성에 기여하기 위해 설정하는 목표를 말한다.

공헌목표는 상위조직이나 타 조직의 목표달성에 도움을 줄 뿐 아니라, 동시에 회사 전체의 성과를 창출하는 징검다리 역할을 한다는 측면에서 의미가 크다. 공헌목표는 본질상 당장 내 전략목표에 직접적인 도움이 되지 않기 때문에, 평소에 부분보다 전체를 위한다는 마음가짐이 없으면 설정하기 어렵다. 아울러 부서 간 상호협조를 통해 회사 전체의 성과와 관련된 시너지를 낸다는 의도에 걸맞게, 공헌목표를 설정할 때는 서로를 '강제'할 것이 아니라 명확한 근거를 가지고 서로에게 정중하게 '요청'하고 조정하는 자세가 필요하다.

앞서 예를 든 은행의 경우라면, 같은 은행 지점끼리 경쟁할 것이 아니라 은행 차원에서 합심하여 일정 기간 동안 예금 캠페인 등의 마케팅 활동을 한다든지, 아니면 하다못해 홍보 포스터나 판촉물을 공동으로 제작한다면 더 효율적이지 않겠는가? 다시 말해 각개전투하지 말고 스스로 달성해야 하는 목표뿐 아니라 은행 전체의 목표를 달성하기 위해 서로 기여하고 도와주는 공헌목표를 운영하면 전체 파이를 더욱 크게 키울 수 있을 것이다.

결국 '부분 최적화'가 아닌 '전체 최적화'를 지향하라는 말은 일부 팀 혹은 일부 개인의 성과만을 생각하여 전체 성과를 그르치는 일이 있어서는 안 된다는 의미에 다름 아니다. 이를 위해서는 근시안에 사로잡혀 개인이 맡고 있는 직무나 부서가 담당하고 있는 기능 중심으로만 목표를 설정할 것이 아니라, 회사 전체의 목표와 이를 달성하기 위한 전략을 고려하여 팀과 개인의 목표를 수립하는 유기체적 관점을 견지해야 한다. 한마디로 자신의 목표를 구성할 때 상위조직의 목표에 기여하는 전략목표, 본연의 성과책임을 실행하기 위한 본연목표에 추가하여 공헌목표도 빼놓아서는 안 된다는 의미다.

그렇다면 목표를 유기체적 관점에서 설정하려면 어떻게 해야 하는 것일까?

첫째, 자신의 목표를 달성하기 위해 반드시 요구되는 공헌목표를 설정하여 타 부서의 지원과 협조를 얻어내고, 자신도 타 부서 또는 타 구성원의 공헌목표를 달성하는 데 도움을 주어야 한다. 다시 말해 자신이 공헌하는 만큼, 다른 사람으로부터 공헌받을 수 있다는 기대효과에 대해 서로가 공유하고 적극 활용할 수 있도록 목표를 설정하는 과정이 중요하다. 부서 목표를 설정할 때 공헌목표를 반드시 포함시키도록 강제하는 것도 한 방법이다. 실제로 사업부나 팀, 개인의 목표를 설정할 때 공헌목표를 10% 정도는 포함시킬 필요가 있다.

둘째, 부서 간, 개인 간에 활발하게 협력하고 조정할 수 있는 성과지향형 커뮤니케이션 시스템을 구축해야 한다.

GE의 '워크아웃 미팅'이 대표적인 본보기다. 우리말로 하면 '끝장 토론' 정도의 의미로, 현장의 이슈를 전체 부서장들이 모여 토의하고, 이를 달성하기 위한 실천방안을 도출하여 최고 의사결정권자인 경영진의 재가를 받아 바로 실행에 들어가는 회의체다. 회사 내 계층별, 직무별 제한 없이 특정 업무에 관련된 구성원들이 업무상의 문제점을 검토하고, 이를 개선하기 위한 의견들을 서로 교환하는 것이다.

워크아웃 미팅은 그 누구도 의식하지 않는 자유로운 분위기에서 이루어지는 만큼 회의 참석자들의 사고를 촉진시키며, 리더들이 현장 작업자들의 아이디어에 신속하게 반응한다는 장점이 있다. 또한 결정된 사항에 대해서는 철저한 사후관리가 뒤따름으로써 GE의 혁신에 결정적인 공헌을 한 것으로 평가되고 있다.

셋째, 부서 간 협의와 협력을 이끌어내기 위해 중간경영자의 역할을 강화하고 교육을 보강할 필요가 있다.

현장을 중심으로 목표를 관리하는 부서장들의 갈등조정 역량이 뛰어나다면, 워크아웃 미팅과 같은 협의체가 없어도 부서 중심으로 이기적인 목표를 설정하는 폐단을 줄일 수 있다. 현장의 중간경영자가 자신의 역할과 성과책임을 인식하고 공헌목표를 설정해 운영한다면 작게는 사업부, 크게는 회사 전체의 목표를 더욱 빨리 효과적으로 달성할 수 있게 된다.

한때 '1명이 1만 명을 먹여 살린다'는 말이 인재론을 상징하기도 했다. 그러나 이제는 한 사람의 스타플레이어가 목표를 견인한다든지, 어느 한 부서가 회사 전체의 목표를 이끌어가기 어려워졌다. 조직의 일부분에만 의존하기에는 경영환경이 너무 고도화되고, 전문화되고, 세분화되었기 때문이다. 따라서 '우리 부서', '내 일'에만 집중해 목표를 설정할 것이 아니라 유기체적 관점에서 회사의 목표를 고려하고, 그 안에서 우리 부서가 어떤 성과책임을 맡고 있으며, 자신은 어떤 목표를 달성해야 하는지를 고민해 목표를 설정하고 관리해야 할 것이다.

2

사업부서의 니즈와 원츠가 지원부서의 목표다

회사에서 지원부서가 담당하는 역할은 무엇인가? 가장 모범적인 답은 고객접점에서 일하는 사업부서가 목표를 원활하게 달성할 수 있도록 최고의 서비스를 제공하는 것이다. 회사의 지원부서는 말 그대로 사업부서에 최적의 자원시간, 인력, 예산 등을 효과적으로 지원하고 배분하는 역할을 해야 한다. 우수한 인재를 육성하여 사업부서에 공급해주고, 시간이나 예산 등과 같은 가용 자원을 배분하며, 조직 내의 기자재 혹은 시설물 등을 관리하는 역할을 맡아 고객접점 부서를 포함한 전체 내부고객이 만족할 수 있도록 하는 것이 지원부서에 주어진 본연의 임무다.

하지만 실제로 대다수의 지원부서가 본연의 임무와 역할을 제대로 인식하고 있는지, 나아가 지원부서의 목표에 사업부서의 니즈와 원츠를 반영하고 있는지에 대해서는 의문시되는 것이 사실이다.

그동안 대다수 회사의 지원부서는 현업부서나 고객접점 부서를 만족시키기 위해 최선의 지원을 하는 데 집중했다기보다는, 경영진들을 대변한다는 미명 하에 현업부서나 구성원들을 통제하거나 감사audit하는 역할에 치중

해왔다. 그 와중에 마치 자신에게 통제와 감사권이 있기라도 한 것처럼 현업부서를 윽박지르거나 우쭐거리는 꼴불견을 연출한 적도 한두 번이 아니었다. 자신이 지원부서에 있다는 것만으로 어깨를 으쓱하고 허리를 꼿꼿하게 펴고 다니며 상대적 우월감에 빠진 채, 현장을 발로 뛰는 사업부서 사람들이 사리사욕을 채우기 위해 뭐라도 감추고 있지는 않은지 의심의 눈초리로 괜히 시비를 건 적도 많았다.

설령 삐뚤어진 우월감이 없다 하더라도 오로지 규정에만 얽매여서 고객접점 부서를 통제하는 데 급급하다면 결코 회사가 원하는 지원부서의 모습이라 할 수 없다. 지원부서가 사사건건 규제를 하고 나서니 현업부서에서 목표를 달성하고자 하는 의욕을 발휘할 수 없음은 물론이고, 결국 회사 전체의 성과에도 좋지 않은 영향을 미치게 된다.

또한 이런 악순환이 계속되면 정작 회사 전체와 관련된 중요한 일을 지원부서에서 추진할 때, 사업부서에서 협조해주지 않는 비참하고 삭막한 현실에 직면하게 될지도 모른다. 따라서 지원부서는 사업부서의 요구사항을 항상 귀 담아 들어야 한다. 나아가 어떻게 사업부서를 만족시킬 수 있을지에 초점을 맞춰 과제를 도출하고, 이를 자신의 목표에 반영해야 한다.

간혹 지원부서 사람들을 만나면 대개 "작년과 목표가 특별히 다를 이유가 없다", "사업부서에서 별로 요청하는 사항이 없다" 등의 이유를 대며 자신들의 관점에서만 탁상공론하고 매년 동일한 목표를 세우는 것을 보게 된다. 이런 사람들을 보면 책상에 앉아서 백일몽 꾸지 말고, 제발 현장에 나가서 고객접점에서 열심히 뛰고 있는 사업부서 사람들의 모습을 직접 관찰하고, 이들에게 무엇을 도와줄지 또는 내가 어떻게 기여할 수 있을지를 고민하라고 말해주고 싶다.

가장 좋은 방법은 고객접점에 있는 사람들에게 직접 물어보는 것이다. 지원부서가 사업부서의 목표를 달성하는 데 어떤 부분을 도와주면 좋을지 말이다. 그러면 사업부서 사람들은 고객들로부터 들었던 정보를 바탕으로 구체적인 사례를 들어가며 필요한 지원사항을 말해줄 것이다. 그 이야기를 잘 들어두었다가 그중에서 올해 전사 또는 팀 목표에 가장 중요한 영향을 미치는 핵심과제들을 선별하여 자신의 목표에 반영해야 한다.

이러한 과정을 꾸준히 진행하게 되면, '매년 목표가 똑같다' 혹은 '현업에서 요청사항이 별로 없다' 같은 허무맹랑한 말은 결코 하지 않게 될 것이다.

예를 들어 다음의 사례를 살펴보자.

인사팀에 근무하는 김 팀장은 매년 자신의 목표를 설정할 때 '내부 임직원 만족도 80점'이라는 항목을 기계적으로 넣어왔다. 이듬해 목표를 세울 시기가 오자 여느 때와 마찬가지로 김 팀장은 1초의 망설임도 없이 '내부 임직원 만족도 80점'을 주요 목표로 설정하려 했다. 하지만 실제로는 이 목표를 달성한 적은커녕 근접한 적도 없었다. 오히려 많은 임직원들이 회사에 대한 불만을 제기하고 있었고, 특히 인사팀의 업무관행에 대한 문제제기는 계속 늘어나는 실정이었다.

상황이 이러한데도 김 팀장은 '내부 임직원 만족도

80점'이라는 목표를 계속 고수해야 할까? 아니면 다른 방법으로 임직원들을 만족시킬 항목을 목표로 반영해야 할까? 주저할 것도 없이 후자의 관점에서 목표를 재설정해야 한다.

지원부서의 역할이 사업부서의 니즈와 원츠를 잘 파악해서 차질 없이 지원하는 것이라 했을 때, 김 팀장은 무엇보다 먼저 사업부서의 니즈와 원츠를 아는 데 모든 노력을 기울여야 한다. 혼자만의 판단으로는 알기 어렵다. 지금 당장이라도 사업부서를 찾아다니며 인사팀에서 어떤 일을 지원해주길 바라고, 인사팀이 어떤 부분에서 기여할 수 있다고 생각하는지 다각도로 의견을 들어보아야 한다.

그 결과 예컨대 마케팅 팀에서 "인사팀에 무언가를 개선해달라고 요청해도 그에 대한 피드백이 전혀 없고 함흥차사인 경우가 허다하다"는 불만이 접수될 수도 있다. 또 물류팀에서 "내년 물류 시스템을 개선하기 위해서는 물류전산 시스템 전문가를 꼭 채용해줘야 하는데, 지난번에 그에 대해 요청을 했는데도 아무런 사후조치나 안내를 받은 적이 없다"는 하소연이 나올 수도 있다.

사업부서들의 의견을 종합한 결과가 이렇게 나왔다면 김 팀장은 어떤 목표를 세워야 할까? 기존의 '내부 임직원 만족도 80점'이라는 목표로도 충분할까? 그렇지 않다. 임직원 만족도를 높이기 위한 선행요소를 목표에 반영해야 한다. 예컨대 피드백이 늦다는 마케팅 팀의 지적을 받아들여 '피드백 기한 5일 이내'라는 항목을 포함시키는 것은 어떤가? 이것이 지원부서에서 해야 할 바람직한 목표설정 방식이다.

과거에는 지원부서가 '관리' 또는 '총무' 등의 이름으로 불렸다. 그 시절에는 관리와 통제에 무게중심이 실려 있었다면, 이제는 변화된 이름에 걸맞게 본연의 임무를 재해석해야 한다. 즉 비즈니스를 잘하기 위해 필요한 경영자원을 지원해주는 것은 물론이거니와, 사업부서가 갖추기 어려운 장기적인 안목과 경영자원에 대한 지원부서만의 통찰력을 십분 활용하는 방안을 모색해야 한다. 사업조직을 진단하고 문제점을 찾아내 성과가 창출될 계기

를 마련해주는 컨설팅 조직으로까지 거듭난다면, 현장의
구성원을 만족시키는 부서로서 손색이 없을 것이다.

다시 한 번 강조하지만, 지원부서는 회사의 기업가치
창출을 위한 전략적 파트너로서 사업부서를 지원하는 관
점에서 목표를 설정한다는 마인드를 잊어서는 안 된다.
마치 악어와 악어새처럼, 사업부서와 지원부서도 불가분
의 공생관계를 구축해야 한다. 사업부서의 니즈와 원츠
를 얼마나 충실히 목표에 반영했는가 하는 것이, 사업부
서의 명실상부한 파트너로서 지원부서가 스스로의 위상
과 역할을 세워나가는 척도가 될 것이다.

3

선행부서는 후행부서의

요구사항을 반영한다

많은 기업, 특히 제조업체의 경우 수주를 해오고 제품을 생산하고 품질을 관리하는 동시에 이를 고객에게 인도하는 과정까지가 프로세스로 유기적으로 연결돼 있다.

성과가 좋은 기업을 보면, 각각의 부서에서 자신의 목표를 올바르게 세우고 이를 달성하기 위해 충실히 노력해야 한다는 것을 기본전제로 인식하고 있다. 아울러 후행 프로세스를 책임지는 부서에 민폐를 끼치지 않고 최종 아웃풋을 낸다는 의식이 확고하여, 후행 프로세스를 위해 무엇에 중점을 두어야 하는지 생각하고 이를 자신의 목표에 반영하여 실천하는 협력의지가 대단히 강한 것을 목격할 수 있다.

성과가 좋지 않은 기업은 정반대다. 생산부서는 자신들은 잘하고 있는데 제대로 영업이나 마케팅을 못해서 매출이 안 나온다고 책임을 떠넘기고, 영업부서는 생산부서를 비난하면서 제품에 하자가 발생하거나 생산부서가 납기일을 제대로 맞추지 못해 고객에게 불만을 듣는다고 볼멘소리를 한다. 실제로 선행부서와 후행부서 간에 이런 신경전을 벌이고 알력이 생기는 경우도 적지 않다.

성과는 날로 부진해지고 있는데 서로가 다른 부서에 책임을 떠넘기고 있다면, 모든 부서가 비난받아 마땅하다. 하지만 그중에서도 경중을 따지자면 선행부서의 책임이 좀 더 크다. 선행부서가 자신의 판단에 따라 실행한 결과물은 고스란히 후행부서의 주요 제약조건으로 작용하기 때문이다.

목표를 설정할 때 회사 전체의 성과를 높이기 위해 반드시 기억해야 할 사항이 있다. 선행부서에는 후행부서의 니즈와 원츠를 만족시키기 위해 노력할 책임이 있다는 것이다. 즉 후행부서의 요청사항이나 과제를 흘려듣지 말고 자신의 목표로 치환하여 실행함으로써 회사 전체의 성과에 기여하고자 하는 마인드가 필요하다.

어느 회사의 사례를 살펴보도록 하자.

이 회사는 최근 들어 생산에 필요한 원자재를 구매하는 구매부서와 후행부서인 생산부서 사이에 긴밀하게 협조가 이루어지지 않아 제품의 불량률이 증가하고 있었다.

그 이유는 다음과 같았다. 구매부서가 올해 경영진으로부터 부여받은 목표는 '원가절감'과 관련된 것이었는데, 그 목표수준이 너무 높아서 다른 일을 제쳐두고 구매비용 절감에 모두 매달려야 할 지경이었다. 그러다 보니 원자재의 품질에는 상대적으로 소홀해지고, 단가를 낮추면서 원자재 품질도 점점 나빠지는 문제가 생기기 시작했다.

생산부서로서는 속이 타들어갈 일이었다. 그들이 부여받은 목표는 '불량률 감소'였던 것. 이를 위해서는 일정 품질 이상의 원자재를 반드시 확보해야 했다. 그런데 구매부서는 자신들의 목표를 이루기 위해 품질이 떨어지는 원자재도 마다하지 않았고, 그 결과 후행부서인 생산부서에서 생산하는 제품의 불량률이 점점 높아지는 현상이 나타나게 된 것이다. 자기 관점에서만 목표를 생각하다 보니 서로의 이견을 좁히지 못했고, 시간이 갈수록 타 부서에 대한 불만과 원망만 쌓여가는 부정적인 상황이 연출되고 있었다.

생산부서는 원자재 때문에 제품의 품질관리가 잘 안

되어 제품을 인도하고 난 후 고객으로부터 컴플레인이 점점 늘고 있고, 영업팀으로부터 개선 요구를 끊임없이 받고 있다는 사실을 구매부서에 전달했다. 그러나 구매부서는 자신들의 목표수준을 달성하기 위해서는 어쩔 수 없다며, 시종일관 '나 몰라라' 하는 자세로 일관할 뿐이었다.

만약 구매부서에서 고객에게 전달되는 제품에 하자가 있을 경우 어떤 심각한 영향이 있을지 먼저 생각해봤다면 같은 결과가 나왔을까?

또는 구매부서가 생산부서에서 제어할 수 없는 문제나 생산작업에 영향을 미치는 부분을 적극적으로 해결해주겠다는 마인드를 갖고 있었다면 어떠했을까? 그랬다면 짐작하건대 회사 성과에 상당한 손해를 끼치는 지금의 상황은 발생하지 않았을 것이다.

전사적인 목표를 달성하기 위해서는, 선행부서가 후행부서의 니즈와 원츠를 적극적으로 파악해야 한다. 이를 위해 정기적으로 연간사업계획이나 월간업무계획, 그리고 관련 후행부서의 업무상 이슈에 대해 투명하게 공유하려 노력해야 한다.

이는 비단 특정 부서만의 문제는 아니다. 대부분의 부서는 누군가의 선행부서이자 또 다른 누군가의 후행부서다. 그러므로 선행부서에 원하는 바를 요청하는 동시에, 후행부서의 목소리에 귀 기울이는 자세를 가져야 한다.

예컨대 생산부서는 구매부서 때문에 불량률이 높아진다고 불만만 늘어놓을 것이 아니라, 후행부서가 활동에 차질을 빚지 않도록 고심에 고심을 거듭해야 한다. 또한 자신의 입장에서는 합리적인 목표라 할지라도 회사전체 차원에서도 그러한지 되돌아보는 자세가 필요하다.

사례를 통해 살펴보자.

일반적으로 영업부서는 생산부서에서 만들어내는 생산량을 크게 염두에 두지 않은 채 일단 많은 수량을 판매하는 것을 목적으로 하며, 실제로 목표수준을 결정할 때도 그런 경향을 보이는 편이다. 아울러 고객접점에서 일하는 영업부서 입장에서는 고객이 요청한 납기일까지 제품을 판매하거나 인도하는 것이 매우 중요하기 때문에 이에 대해 민감하게 반응하는 경우가 많다.

그러다 보니 납기일이 다가오면 판매시점을 맞추기 위해 생산부서에 수없이 전화를 하고 때로는 닦달을 하기도 한다. 그 와중에 어쩔 수 없이 불만도 쏟아져 나온다. "우리는 고객들을 만족시키기 위해 어떻게 해서든 열심히 팔고 그들의 사소한 니즈와 원츠까지도 반영하고자 이렇게 노력하는데, 생산부서에서 일정도 지연시키고 그나마 수량도 맞추지 못해 제대로 판매를 하지 못한다"라고 말이다.

생산부서의 입장은 또 다르다. 왜냐하면 생산과 판매계획이 100% 일치되지 않는 상황에서 영업부서의 입맛에 맞추느라 생산량을 마냥 증대시키다가는 완제품의 재고가 너무 많이 쌓일 위험이 있기 때문이다. 재고관리 비용이라는 측면에서 부담이 되기 때문에 가능하면 생산일정이나 생산량을 영업부서의 요구보다는 재고 최소화라는 기준에 맞추려고 한다.

매출을 향상시키려고 노력하는 영업부서, 이익률을 향상시키기 위해 원가절감과 적정재고 보유에 노력하는 생산부서 모두 자신의 목표달성을 위해 매진하고자 하는 마음은 이해할 수 있다. 또한 두 부서의 주장 모두 나름대로 일리가 있다. 하지만 결정적으로 회사 차원에서 생각하고 서로에게 공헌하고자 하는 마인드가 결여돼 있으니 문제다. 두 부서 모두 자신의 입장만을 고수할 것이 아니라, 회사 전체의 더 큰 목표를 위해 한발 물러나서 어떻게 하는 것이 전체의 파이를 키우는 데 도움이 될지 진지하게 생각해볼 필요가 있다.

　　특히 선행부서인 생산부서에서는 후행부서인 영업부서의 입장을 좀 더 고려하여, 그들이 요청하는 사항을 잘 들어보고 어떻게 하면 그 과제들을 공헌목표로서 자신들의 목표에 반영할 수 있을지 모색해야 할 것이다. 후행부서에 기여할 수 있는 과제를 적극적으로 실행에 옮긴다면, 자신의 전략목표를 달성하는 것 못지않은 긍정적인 효과를 회사에 미칠 수 있을 것이다.

우리의 모든 목표는 결국 고객이 요구하는 성과기준을 잘 달성하는 데 있지 않은가. 이를 위해서는 최종 결과물을 인도하기까지 선, 후행 프로세스에 해당하는 부서들이 각자 자신의 역할에 충실해야 한다. 특히 선행부서는 후행부서가 통제할 수 없는 중요한 역할을 본인들이 앞에서 해결해주겠다는 마음가짐으로 일을 대해야 할 것이다. 그것이 결국 고객들이 원하는 성과기준에 다가가는 길이라는 사실을 깨닫고, 앞으로는 전사적인 관점에서 후행부서의 니즈와 원츠를 자신의 목표에 적극적으로 반영해 실천하고자 하는 노력을 게을리하지 말아야 한다.

🖊 BIRD'S EYE VIEW 1

목표를 설정할 때는 해당부서나 실무자의 시각에서 벗어나 사업부 또는 회사 전체의 목표달성을 극대화할 수 있는 차원에서 생각해야 한다.

🖊 BIRD'S EYE VIEW 2

지원부서는 회사 가치창출의 전략적 파트너로서, 사업부서가 원활히 성과를 창출할 수 있도록 최적의 자원(시간, 인력, 예산 등)을 지원, 배분하여 내부고객을 만족시켜야 한다.

🖊 BIRD'S EYE VIEW 3

각 부서별 목표가 전사 차원에서 시너지 효과를 창출하려면, 선행부서와 후행부서가 각자의 역할과 책임을 고려하여 서로의 니즈와 원츠를 수시로 파악하고 이를 자신의 목표에 반영해야 한다.

06

오케스트라의 법칙
ORCHESTRA

각자에게 맞는 책임으로 하모니에 동참하라

1

리더는 목표를 부여하고, 전략을 코칭한다

흔히 리더는 구성원들에게 목표만 제시하면 자신의 역할과 책임을 다했다고 생각하는 경향이 있다. 과연 그럴까? 목표를 수립할 때 리더와 실무자의 책임과 역할에는 어떤 차이가 있을까?

이 질문에 대한 대답을 찾기 위해 기업조직과 구성이 비슷한 오케스트라를 살펴보자. 오케스트라에서 목표를 설정할 때 지휘자와 연주자는 어떤 역할을 수행하는가?

100여 명의 단원을 이끄는 지휘자는 연주곡이 선정되면 편곡자와 의논하여 연주곡의 목표를 구체화한다. 즉 지휘자가 단원들에게 어떤 곡을 연주하겠다는 것만 통보하고 마는 것이 아니라, 작품의 모든 악기별 분담과 강약 그리고 곡의 해석을 통한 음악적 표현까지 본인의 머릿속에 담고 궁극적으로 전달하고자 하는 메시지를 명확히 한 후 이를 단원들에게 이해시킨다. 말하자면 오케스트라의 목표를 조감도 형태로 공유하는 과정이다.

지휘자는 조감도 형태로 제시된 목표를 바탕으로 악기별 파트장과 연주자들의 연주를 듣고 작품의 박자와 전달하고자 하는 메시지를 구체적으로 코칭한다. 대부분

악기별 연주자는 '파트보'를 보며 본인 파트의 연주에만 집중한다. 즉 연주자는 오케스트라 전체의 음과 박자를 듣는 것이 아니라 자신이 연주할 부분의 악보에만 충실하여 연주하고 음을 내는 것. 연주자마다 특정 음악을 이해하는 속도나 강약이 다를 것은 당연하기에, 지휘자는 모든 연주자들로 하여금 지휘자가 생각하는 음악에 맞게 연주하도록 조정하는 역할을 한다.

정리하면 지휘자는 각기 다른 악기들이 모여 한 작품을 잘 연주할 수 있도록 모든 연주자들을 이끌어주는 사람이다. 만약 지휘자가 전체를 보지 못하고 개별 악기와 부분적 연주에만 치우친다면 연주는 당연히 망치게 된다.

오케스트라를 지휘하여 청중에게 감동적인 음악을 선사하는 지휘자와 같이, 기업의 리더 또한 자신의 성과 책임과 역할을 이해하고 실행해야 함은 물론이다. 그러나 아직 우리 기업 현실은 그렇지 못한 것 같다.

기업 임원들을 인터뷰해보면 임원이나 부서장들이

입에 달고 다니는 말이 있다. "늘 바쁘다", "회의에 참석하느라 정신없다"가 그것이다. 그렇게 바쁜 사업부장들의 회의를 살펴보면 열에 아홉은 목표를 공감하고 달성전략을 구체화하는 데 집중하기보다는 업무지시와 실적점검으로 점철되다 끝난다. 얼마 전 한 온라인 조사기관의 통계를 살펴보면 직장인 2명 중 1명은 직장 내 회의가 상사 중심으로 진행되고 결론난다고 답변했다. 한마디로 목표를 공유하고 전략을 수립하는 것이 아니라 상사의 의견만 전달되는 일방적인 회의가 지배적이라는 뜻이다.

물론 임원들에게도 고충은 있다. 당장 눈앞의 불을 끄기에 급급하고, 구성원들이 제대로 못하는 부분만 잔뜩 눈에 보이는 터라 하나하나 자신이 직접 거들어야 한다고 푸념하는 임원들이 적지 않다. 경영자가 되어서도 정기적 생산 주문이 제대로 들어갔는지, 협력사에서 부품은 제대로 입고되었는지 일일이 확인하고, 부서장들에게 보고받고 지시하는 리더들도 있다. 일부는 그런 자신을 보며, 리더가 직접 현장실무를 챙기니 이 정도면 일을 열심히 하는 거라고 믿고 있는 듯하다. 조직의 목표를 조감도 형태로 제시하고, 구성원들이 수립한 전략을 점검하고 부족한 타깃을 채워주는 것은 뒷전으로 미룬 채 말이다.

어쩌다 리더가 본연의 임무는 방기한 채 실무를 직접 챙기고, 구성원들은 지시와 통제에 의해 업무를 수행하게 되었을까?

오케스트라의 지휘자가 그렇듯이 기업의 리더 역시 구성원들에게 회사의 목표를 조감도 형태로 공유시키고, 목표를 달성하기 위한 임무와 역할을 부여해야 한다. 아울러 구성원들로 하여금 목표달성전략을 수립하게 하고, 수립된 전략이 실행 가능한지 확인하고 실효성을 가지도록 코칭하는 역할을 수행해야 한다.

리더가 책임져야 할 성과관리란 목표를 달성하기 위해 조직을 구성하고, 사람들에게 성과책임을 배분하고, 구성원으로 하여금 전략을 수립하여 실행하도록 마음먹게 하는 것이다. 반면 실무자는 주어진 일을 정해진 시간 내에 열심히 실행해 업무실행목표를 완수해야 한다. 이처럼 리더와 구성원의 역할과 책임은 명확하게 다르다.

우리 주위를 보면 기업에서 인정받는 리더들은 여전히 업무수행능력이 뛰어나며, 구성원들이 해야 할 일을 상세히 지시하는 이른바 '똑똑하고 부지런한 리더'다. 하지만 이들 '오퍼레이터[operator]형 리더'는 단기실적과 업무관리에는 뛰어날지 모르나 조직의 중장기적 가치를 창출하고 인프라를 구축하는 데는 그다지 기여하지 못한다.

올바른 리더는 목표를 제시하고 구성원들이 방법과 전략을 스스로 수립하도록 코칭하는 '이네이블러[enabler]형 리더'다. 이들은 3~5년 후의 미래 먹거리를 찾거나 시스템을 구축하고, 구성원들을 주어진 일을 스스로 수행할 수 있는 자기성과 경영자로 육성하는 데 집중한다.

여기서 분명히 알 수 있듯이, 리더가 해야 할 본연의 임무는 실무자들이 해야 할 일을 일일이 지시하고 점검하는 '업무지시통제'가 아니라, 목표를 부여하고 그들이 목표를 달성할 수 있도록 전략과 방법을 코칭하고 동기부여하는 '성과코칭'인 것이다.

아직도 많은 구성원들이 목표를 스스로 수립하는 것으로 알고 있다. 물론 자신이 맡고 있는 본연업무에 관한 목표는 스스로 수립하기도 하지만, 본연목표를 포함한 구성원의 목표를 최종 확정하는 것은 어디까지나 리더의 역할이다. 리더는 실무자에게 목표를 부여할 때 회사의 중장기적인 목표와 지난해 성과를 분석하는 등 객관적 데이터와 사실fact을 고려하여 제시해야 한다. 그런 다음 부여된 목표를 달성하기 위해 구성원들이 수립한 전략을 검토하고 코칭하는 역할을 수행한다.

리더가 구성원의 일을 대신하는 것은 오케스트라에 비유하면 지휘자가 지휘봉을 놓고 단원들과 함께 연주하는 것과 마찬가지다. 좋은 연주를 기대할 수 없음은 당연하지 않겠는가. 청중에게 감동을 선사한다는 목표 하에 오케스트라 전체를 이끌고 박자를 맞추고, 악기별 고유의 음을 이끌어내 자신이 해석한 곡의 느낌을 전달해야 할 지휘자가 직접 악기를 연주하고 있다면 얼마나 황당한 일이겠는가.

리더는 눈에 보이지 않는 무형가치를 창조하고 유형 가치를 지속, 유지하는 데 온 힘을 쏟아부어야 한다. 또한 모든 구성원들이 역량을 향상시킬 수 있도록 끊임없이 지원하여 성과창출의 주체가 될 수 있도록 지속적으로 코칭해야 함을 기억하자. 그렇지 않고 예전에 했던 실무에만 매몰돼 있다면, 숙련된 실무자로 인정받을지언정 리더라 자임하기는 어려울 것이다.

2

실무자는 전략을 수립하고

자원을 계획한다

회의가 끝나자 김 과장은 벌게진 얼굴을 감추기 위해 서둘러 밖으로 나왔다. 마침 밖에 있던 윤 과장을 만나자 회의에서 최 이사에게 들은 꾸중에 대해 푸념을 늘어놓았다.

"아니, 그렇게 짧은 시간 안에 그걸 다 하라고 하시니, 나로서는 최선을 다했는데… 이사님도 너무하시지 말이야. 일은 일대로 하고, 꾸중은 꾸중대로 듣고… 그런데 윤 과장은 어떻게 했길래 이사님께서 저리도 좋아하시나?"

"아니, 뭐… 김 과장하고 크게 다를 바 있겠어? 그저 중간에 몇 번 보고드려서 계속 방향을 수정한 것 정도가 다를까."

"중간에 보고를 했다고?"

"그래. 다 해놨는데 나중에 그게 아니라고 하면 나만 손해잖아. 그래서 일을 하기 전에 지시사항에 대해 어떻게 하겠다는 밑그림을 보여드렸고, 보고서를 작성하는 중에도 1시간만 내달라고 부탁해서 중간보고를 드렸지. 밑그림을 설명할 때는 추가정보도 주시던데? 새로운 제

도구축에 대해 사장님이 어떤 의중을 갖고 계신지 말씀
해주시더라고."

"그런 방법이 있었으면 나하고도 공유했어야지. 너무
한 것 아냐?"

"저번에 같이 가자고 했을 때 김 과장이 '다 해서 말
씀드리겠다'고 했잖아. 아직 자료조사도 안 끝났고 목표
에 대해 스케치도 안 되었으니 나더러 혼자 이야기하라
고 했던 거, 기억 안 나?"

"아니, 난 그런 방법이 있는 줄 모르고…."

우리 주변에서 흔히 볼 수 있는 모습이 아닌가 싶다.
김 과장은 회의에서 자신의 팀장인 최 이사에게 질책을
들었다. 김 과장이 작성한 보고서에 자신이 원했던 내용
이 포함되지 않았으니 다시 작성하라는 것이었다. 시간
을 지연시킨 만큼 더 완성도를 높여서 오라는 꾸지람도
들었다. 반면 윤 과장은 보고서 내용이 간단하지만 최 이
사가 원하는 내용과 업무기한을 준수했다는 만족할 만한
피드백을 들었다.

이처럼 김 과장과 윤 과장의 차이가 발생된 원인은 무엇일까?

김 과장은 업무를 지시받자 관련된 자료를 조사하고, 이어서 보고서 작성에 들어갔다. 처음에는 간단할 줄 알았는데, 막상 시작해보니 관련 데이터가 부족하여 자료를 보강하느라 일정이 꼬이기 시작했다.

그사이 윤 과장은 보고서에 포함될 내용의 목차를 작성하여 최 이사에게 사전에 검토를 요청했다. 아울러 목차에 비춰볼 때 좀 더 완성도를 높이려면 하루가 더 필요하다는 말을 했다. 목차를 훑어본 최 이사는 윤 과장의 의견이 타당하다고 판단해 청을 받아들였고, 더불어 추가적 정보도 주었다. 김 과장이 보고서의 내용과 일정을 자의적으로 짐작한 것과는 대비되는 모습이다. 김 과장은 달성전략에 대해서도 사전에 최 이사와 합의하지 않아 시행착오를 겪을 수밖에 없었다.

실무자는 리더로부터 목표를 부여받으면 이를 달성하기 위한 전략을 수립하게 되는데, 이때 여러분은 어떻게 하는가? 무조건 "네, 알겠습니다!" 하고 자리에 돌아오는 것은 정답이 아니다.

업무를 시작하기 전에 목표의 조감도를 리더와 다시 한 번 공유하고 전략을 실행하기 위한 자원을 요청하는 것을 잊지 말자. 특히 리더가 자신에게 목표를 부여하지 않았다고 해서 감나무에서 감 떨어지기만을 기다리듯이 마냥 기다리고 있는 것은 올바른 방법이 아니다. 이때는 상위조직의 성과목표를 고려하여 자신이 어떤 부분에서 선행적으로 기여해야 하는지를 감안해 목표에 반영한 다음 리더와 적극적으로 커뮤니케이션하는 자세가 필요하다. 자신의 목표에 대해 리더와 다시 한 번 공감함으로써 확정받는 것이다.

목표달성에 필요한 자원이나 요청사항에 대해 사전에 합의가 이루어지면, 만에 하나 지원이 불가능한 경우가 생겨도 다른 전략을 실무자에게 요구할 수 있고, 이를 통해 달성할 목표의 수준을 사전에 구체화할 수 있다.

평소에 주어진 목표를 잘 달성하는 사람도 때로는 한

정된 시간과 자원제약 때문에 생각지 못한 난항을 겪기도 한다. 하지만 그렇다 하더라도 자신이 설정한 목표는 반드시 달성해야 한다.

난관에 봉착했을지라도 이를 극복하고 목표를 이루어내려면 어떻게 해야 할까? 이를 위해서는 과거의 성과를 달성할 수 있었던 전략을 철저히 분석해 공략대상을 찾아낸 다음, 이를 타깃화하여 모든 역량을 집중해 실행에 옮겨야 한다. 이처럼 자신의 역량을 집중해 목표를 공략하는 사람들에게는 공통적인 특징이 있다. 다음 강 과장의 사례를 보자.

강 과장은 평상시 회사에 와서는 매일 사람들을 만나서 대화만 하고 문서작성이나 업무와 관련된 일은 그리 열심히 하지 않는 것 같은 인상을 준다. 그런데 평가는 늘 'A'를 받았다. 주위 사람들은 힘들이지 않고도 성과를 잘 내고 리더들로부터 인정받는 강 과장의 비법이 무엇인지 궁금해했다.

그래서 이런저런 비공식적 루트를 통해 강 과장의 비

결을 듣게 되었는데, 그는 일단 자신이 1주일 또는 단기간에 이루어야 할 목표를 사전에 명확하게 정의하는 데 일가견이 있었다.

그다음에는 일을 수행하면서 관련 부서장이나 동료들과 수시로 이야기를 많이 나누었다. 강 과장이 사람들과 한가하게 잡담이나 한다고 험담하던 이들로서는 머쓱해지는 대목이었다. 또한 그는 동료들에게 도움을 주어야 할 부분이 생기면 힘닿는 한 지원해주기를 마다하지 않았다. 이렇게 하고 나니, 그가 자신의 목표를 실행하면서 도움을 받아야 하거나 협조를 구할 일이 생겼을 때는 주위에서 서슴없이 두 팔 걷어붙이고 나서곤 했다.

한마디로 목표를 달성하기 위한 일을 수행하기 전에, 미리 사전작업을 통해 상황을 본인에게 유리하게 만들었던 것. 그러니 결과가 좋지 않을 수 없었다.

흔히 의사결정권이 없는 일반 구성원들은 일이 마음처럼 되지 않으면 '권한이 없으니 어쩔 수 없다'며 푸념하곤 한다. 하지만 위의 사례에서 알 수 있듯이, 권한이 많지 않다 하더라도 주변 상황을 유리하게 만들어놓는다면 목표를 실행하는 데 중요한 도움을 얻을 수 있다. 성과를 잘 내는 사람들은 일을 시작하기 전에 평소에 주변 상황을 최대한 유리하게 만들어놓고 핵심타깃을 집중적으로 공략하는 순서를 따른다. 이는 특히 단기목표를 달성할 때 유효한 방법이다.

리더 입장에서 보더라도 수동적으로 주어진 일만 하는 구성원보다는, 다양한 방법으로 자신이 이루어야 할 성과를 조금씩 만들어나가려고 노력하는 이들에게 훨씬 더 큰 신뢰와 지원을 보내게 돼 있다.

강 과장의 사례에서 새겨둘 점은, 언제든 목표와 과제를 공략할 수 있도록 최적의 상황을 '미리' 조성해두어야 한다는 것이다. 일이 진행되는 경과보다 반 템포 앞 단계에서 시간적·공간적으로 일의 모습을 형상화하면 무엇을 미리 준비해야 하는지가 눈에 보이고, 그에 따라 한결 여유를 가질 수도 있다.

예를 들어 고객사 영업담당자와 친분을 돈독히 해둔

다든가, 고급정보를 사전에 탐색해두는 것도 가능하다. 또는 자체적으로 회의를 자주 열어 아이디어를 비축해두었다가, 자신의 컨디션이 가장 좋을 때 타깃 고객사를 집중 공략할 수 있도록 미팅 시간을 잡을 수도 있다. 혹은 타깃 기업들이 만나 서로 제휴관계나 협업을 모색할 수 있는 장*을 제공하여 내가 고객가치를 극대화하기 위해 열심히 준비하고 있음을 고객들에게 알리는 것도 고려해볼 만한 방법이다.

이처럼 미리 준비한 끝에 약속했던 기한보다 2일 앞서 과제수행을 완료해놓는다면, 그 여유시간은 내가 최종적으로 완성해야 할 일의 모습을 미리 시뮬레이션하는 기간으로 활용할 수 있을 것이다.

항상 여유 있게 실행으로 옮길 수 있도록 최적의 포인트를 찾아야 한다.

어느 조직에서든, 허둥대며 산만하게 일하는 사람보다 차분하고 여유 있게 품격을 유지하며 목표를 달성하는 사람이 인정받는 법이다. 여러분은 일에 끌려다니지

않고 일을 끌고 다닐 수 있도록 항상 시간과 공간을 확보
하고 있는가? 그런 사람이야말로 탁월한 성과를 창출할
수 있다.

3

리더와 실무자, 같은 곳을 다른 초점으로 바라본다

여러 사람들이 모여 함께 일하면 혼자서 할 때보다 어떤 점이 좋을까? 더 많은 일을 더 빨리 끝낼 수 있을까, 아니면 서로 의견을 맞추느라 오히려 더 오래 걸릴까? 그도 아니면 의견이 맞지 않아서 끝내 완성할 수 없게 될까?

우리는 여러 사람이 모여 하나의 팀이 되면 당연히 개인이 할 때보다 더 좋은 성과를 달성할 것이라 기대한다. 하지만 누구나 현실에서 한두 번쯤 겪어보았듯이, 꼭 그렇지만은 않은 것이 사실이다.

여러 사람이 모이면 당연히 더 높고, 엄청난 목표를 달성할 수 있으리라는 생각은 막연한 기대일 뿐이다. 이 기대가 실현되려면 각자 맡은 역할과 임무를 분명히 인식하고 책임감 있게 실행하며 조화를 이루어야 한다. 즉 리더는 자신의 성과책임과 역할을 수행하고 상위조직의 요구수준에 맞는 목표를 달성하여 팀에 공헌해야 하고, 구성원은 구성원대로 자신의 임무와 역할을 충실히 실행해 팀 성과창출에 기여해야 한다.

어느 조직을 가든 임원, 팀장들을 관찰해보면 하나같이 무척 바쁘다. 그들은 왜 그렇게 바쁜가? 자신들의 고유 임무와 역할 때문인가? 아니면 실무자들의 업무를 일일이 지시하고 확인하고 질책하느라 바쁜 것인가? 대부분은 후자 때문이다. 이처럼 리더가 자신의 임무와 역할을 하지 못하고 실무자 수준의 목표를 달성한다면 어떻게 될까? 여러 사람이 모여서 일하는 의미가 없어질 것이다. 마찬가지로 구성원들이 조직의 목표와는 동떨어진 개인플레이를 하고 팀 목표달성에 기여하지 못한다면 이것 역시 바람직하지 못하다.

'나무와 숲을 동시에 보라'는 말이 있다. 나무만 보고서는 전체 숲을 판단할 수 없으며, 단편적 사실만을 나열해서는 전체를 알 수 없는 법이다.

구성원들이 수립한 전략은 비유컨대 자신의 목표를 달성하기 위한 '나무'에 해당한다. 개개인마다 역량과 업무특성이 다르니 어떤 나무는 크고, 어떤 나무는 작을 것이다. 구성원들이 각자의 관점에서 수립한 달성전략을 모두 합산하여 회사의 목표를 정하면, 실제로 회사가 달성해야 하는 목표와 똑같을까? 저마다 키와 모양새가 다른 나무들을 죽 세워놓으면 그럴듯한 숲이 완성될까? 그러나 나무는 숲이 아닌 나무 자신만 생각할 뿐이다. 마찬가지로 개개인은 자신이 책임지고 있는 업무를 중심으로 목표를 수립하게 마련이고, 그 내용도 자신의 직무에 국한되는 경우가 태반이다. 어느 구성원이 자기 목표가 앞에 있는데 3~5년 후 회사의 미래를 떠올리며 중장기전략을 고민하겠는가? 현장에서 업무를 담당하는 실무자는 개인적인 입장에서 접근하기 때문에 중장기적 목표보다는 당장 처리해야 할 일일 또는 주간목표 수준의 시각에서 벗어나기 어렵다.

따라서 이들의 목표를 단순 합산하여 조직의 목표로 설정한다는 안이한 발상은 버려야 한다. 오히려 구성원들에게 1년 후, 3년 후, 5년 후 회사의 미래 모습을 그려주며, 구성원들이 가고자 하는 방향이 올바른 것인지 검증하며 코칭해주어야 한다. 실무자보다 넓은 시야로 마치 헬리콥터를 타고 보듯이 전체를 조망할 수 있는 리더가 필요한 이유다. 리더는 현업에 몰두하고 있는 실무자보다 좀 더 높은 곳에서 멀리, 다양한 관점에서 바라볼 수 있는 통찰력을 지니고 있기 때문이다.

아울러 구성원들이 목표를 수립하다 보면 연간목표나 중장기목표를 제대로 반영하지 못하는 경우가 발생하기도 한다. 그 결과 궁극적으로 달성하고자 하는 최종목적지에 도달하기 어려워진다. 따라서 구성원들이 목표를 수립할 때도 리더가 적극 개입해야 한다. 당장 '내 일', '오늘의 일'에 매몰돼 있는 실무자보다 한발 뒤에 물러서 있는 리더가 중장기목표를 이해하는 관점이 뛰어나므로, 이를 근거로 구성원 개개인의 목표를 적절히 배분해주어야 한다.

정리하면 리더는 상위조직의 목표를 고려하여 팀의 이듬해 목표를 설정하고, 이를 달성하기 위한 세부 전략과제를 도출하여 구성원에게 제시해야 한다. 구성원들은 각자 자신에게 주어진 목표를 달성하기 위해 전략을 수립할 때 비로소 목표를 한눈에 이해할 수 있게 된다. 그 전까지는 리더가 전체적으로, 그리고 멀리 보며 구성원들을 이끌어야 하니, 그 역할과 책임이 얼마나 무거운지 가늠할 수 있을 것이다.

따라서 리더와 실무자의 목표는 레벨이 다르게 설정되어야 한다.

먼저 임원은 주로 중장기성과와 관련된 목표를 설정한다. 예를 들어 신기술 개발, 해외 신규 수주액 같은 미래 먹거리와 신기술 확보, 신시장 개척, 프로세스 혁신을 통한 생산성 향상 등과 같이 다소 시간이 걸리더라도 중장기성과에 영향을 줄 수 있는 선행 전략과제를 자신의 목표에 반영해야 한다.

팀장은 신규 수주액, 고객 클레임 처리율, 투자예산 준수율, 매출액, 영업이익, 판관비 절감액 등과 같이 당해 연도 사업계획과 연동된 단기성과 중심의 목표를 설정해야 한다.

실무자들은 자기 과제수행 목표와 팀의 단기성과에 직접적 영향을 줄 수 있는 선행목표를 설정해야 한다. 예를 들어 고객 클레임 대응 단축일수, 품질 클레임 재발생

건수, 신제품 개발제안 건수 등이 여기에 해당한다.

이처럼 리더가 세우는 목표는 회사 전체의 목표를 달성하기 위해 미래의 성장동력을 확보하고 인프라를 구축하는 것이어야 한다. 구성원은 단기성과를 달성하기 위한 구체적인 목표를 수립하여 팀 목표달성에 공헌해야 한다.

리더와 구성원의 목표 차이

리더

전체와 미래 조망

- 예시 : 신기술 개발 건수, 해외 신규 수주액, ○○전문인력 육성인원 등
- 팀의 성과목표와 전략을 사전에 조망
- 목표달성을 위한 타깃 제시
- 달성전략에 대한 성과코칭 및 피드백

상위조직의 목표달성을 위해 공헌해야 한다

구성원

목표달성을 위한 전략수립 및 실행

- 예시 : 고객 클레임 대응 단축일수, 품질 클레임 재발생 건수 등
- 주체적 실행
- 달성전략 수립을 위한 구체적 공략방법 모색
  ➔ 창의적, 혁신적
- 데이터 수집 및 분석

지금까지의 논의를 통해 알 수 있듯이, 리더의 역할은 단순히 업무를 나누어주고 잘 진행되는지 살펴보는 관리자에서 끝나는 것이 아니다. 리더는 구성원들이 회사목표를 달성하는 데 기여할 수 있도록 목표를 전략적으로 쪼개어 구성원에게 배분하고, 그 배경에 대해 충분히 설명해야 할 의무가 있다.

아울러 리더는 팀이 올바른 방향으로 나아갈 수 있도록 팀의 비전과 목표를 제시하고, 이를 달성하기 위한 성과를 모니터링하고 구성원들에게 피드백을 줘야 한다. 이것이 곧 리더가 공헌해야 할 경영자로서의 임무와 역할이다.

목표를 전략적으로 배분하고 실행하는 단 하나의 정답은 없다. 다만 이를 수행하는 리더와 구성원이 자기 임무와 역할에 충실하여 각자 목표를 제대로 설정하고 목적지를 명확히 할 수 있다면 더 바랄 것이 없다. 법전에 나오는 것처럼 명확하게 문구로 정리하고 이를 따르는 것도 물론 중요하겠지만, 그보다는 리더와 구성원이 자신이 속한 조직의 성과책임과 역할에 대해 공감하고, 이를 실행하고 이루기 위해 노력하는 것이 더 긴요하다.

이를 위해 임원, 팀장, 팀원의 평가기준에 뚜렷한 차이를 둘 필요가 있다. 아울러 일상적인 업무에서 직책 별로 해야 할 임무와 역할이 무엇인지에 대해 체계적으로 교육 훈련하는 시간을 반드시 마련해야 한다.

물론 이런 과정이 힘들다는 것을 나 역시 잘 알고 있다. 하루하루 숨 돌릴 틈 없는 일상을 살다 보면 성과책임과 역할에 대해 서로 공감하기 위한 노력들은 언뜻 쓸데없는 낭비나 에너지 누수같이 보일 수 있다. 하지만 리더와 구성원이 한 지붕 아래에서 다른 꿈을 꾸고 다른 곳을 바라본다면 어떻게 목표를 달성할 수 있겠는가. 같은 꿈을 꾸고 같은 곳을 바라보며 각자의 성과책임과 역할을 다할 때 비로소 목표달성의 영광을 누릴 수 있는 것이다. 그러므로 각자의 역할과 책임에 공감한다는 것은, 어떻게 보면 전체의 목표를 달성하는 모든 과정 가운데 가장 중요한 단계이기도 하다.

오케스트라의 법칙에서 이것만은 기억하자

✎ ORCHESTRA 1

리더는 오케스트라의 지휘자처럼 목표를 조감도 형태로 제시하고, 구성원들이 자신의 역량을 최대한 발휘할 수 있도록 목표달성전략을 코칭한다.

✎ ORCHESTRA 2

구성원은 부여받은 목표를 달성하기 위한 전략을 수립하고, 전략실행에 필요한 자원을 계획하여 리더와 실행전략과 방법을 협의한다.

✎ ORCHESTRA 3

임원은 회사의 중장기목표를 달성하기 위한 신사업 개발, 신시장 개척, 프로세스 혁신 등의 전략적 선행목표를 자신의 책임목표로 설정하고, 팀장은 매출액, 신규 수주액, 고객 클레임 처리율 등과 같은 단기목표를 설정한다. 실무자는 팀의 단기목표달성에 결정적인 영향을 미치는 고객 클레임 대응 단축일수, 신제품 개발제안 건수 등의 실행목표를 설정한다.

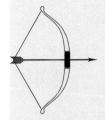

내일의 성공을 눈앞에 디자인하라
그것을 정조준하라

2011년 방한했던 미국 팝음악계의 살아 있는 전설 퀸시 존스. 그는 레이 찰스, 마이클 잭슨 등 최고의 아티스트들과 작업한 유명인사다.

그런 그에게 어느 기자가 최고의 전성기는 언제였느냐고 물었다. 퀸시 존스는 이렇게 답했다.

"나의 최고 전성기는 내일이다."

그는 이미 남들이 부러워할 만큼 많은 꿈을 이뤄낸 사람이다. 직접 빅밴드 활동도 하고 작곡을 하는 등, 재능 많은 아티스트이자 프로듀서다. 그럼에도 내일이면 자신이 더 나아질 것이라 확신하며 죽을 때까지 일하겠다는 열정으로 가득 차 있다.

반면 지금 우리의 모습은 어떠한가.

멋지게 성공하는 주변 사람들을 보며 '나도 과거에는 잘나가던 사람이었는데…', '내가 일할 때 옆에서 잘 가르쳐주는 멘토가 1명만 있었더라면 확실히 성공했을 텐데…'는 등의 말로 애써 자신을 위로하려 하지는 않는가.

왜 우리는 과거에, 혹은 다른 사람에게 의존적으로 기대려고 하는 것일까.

이유는 간단하다. 자신의 현재 모습에 만족하지 못하거나, 맞닿아 있는 현실에서 삶의 의미를 찾지 못하기 때문이다. 예를 들어 직장인들은 반복적인 업무에 매몰돼 매너리즘에 빠질 때, 최선을 다하고는 있지만 자신이 잘하고 있는지 확신이 들지 않을 때, 혹은 자신이 하는 일이 마음에 차지 않을 때 등 현재의 자신이 불만족스러울 때 미래를 향해 나아가지 못하게 된다.

그러나 후회하거나 좌절할 필요는 없다. 새 생명이 껍데기에 균열을 내면서 세상 밖으로 나오듯, 자신이 갖고 있던 고정관념과 습관을 털어내고 새롭게 배운다면 새로운 가능성이 열릴 것이다. 무엇을 새롭게 배워야 하는가? 주체적으로 인생을 살아가는 방법을 배우고 실행해야 한다.

이 책은 그중 가장 중요하고도 우선적으로 필요한 역량에 대해 다루고 있다. 즉 자신이 궁극적으로 달성하고자 하는 목표가 무엇인지 명확하게 그려내는 것이다. 성공으로 가는 모든 길은 목표를 제대로 세우는 것에서부터 시작된다.

그동안 많은 사람들이 목표를 세워도 성취하지 못한다며 좌절에 빠지곤 했다. 그것은 자신이 바라고, 의도하고, 목적하는 바를 목표로 명확히 설정하지 못했기 때문이다.

성과를 내는 가장 빠른 길은 목표를 올바르게 조준하는 것이다. 목표가 정확하면 자신이 원하는 가장 효율적인 길로 전략을 실행할 수 있으며, 쓸데없이 시간을 낭비하거나 사람을 잘못 배치하거나, 자원을 과잉 투입하는 실수를 피할 수 있다. 아울러 눈에 생생하게 보이는 목표는 자신과 그 일에 관계된 많은 사람들에게 희망과 의욕을 주고, 일을 시작하기 전에 각자의 책임을 정확히 배분할 수 있고, 목표를 달성하기 위한 전략을 주체적으로 수립할 수 있게 한다.

그러니 일이 뜻대로 되지 않는다 생각된다면, 그리고 이제는 성과를 120% 달성하여 보란 듯이 조직에 기여하고 싶다면, 자신이 하는 업무마다 각각의 의미를 부여하며 최종적으로 원하는 결과물이 무엇인지 생각하여 입체적 조감도를 그려보자.

'머릿속으로 자신이 바라는 것을 생생하게 그리면 온몸의 세포가 모두 그 목적을 달성하는 방향으로 조절된다'는 아리스토텔레스의 말처럼, 자신이 하고자 하는 목표에 대한 입체적 조감도가 명확하다면 그 목표는 이미 50% 이상 실현된 셈이다.

목표의 조감도를 그렸다면, 그다음에는 목표를 실천으로 옮기는 전략적 행동이 뒤따라야 한다. 목표를 명시했어도 정작 이를 달성할 수 있는 구체적인 실행계획과 실천이 빠진다면 아무런 소용이 없다. 업무를 실행해나가는 과정에서 자신이 생각하고 행동하며 일하는 모든 방식을 철저하게 목표에 집중시키자. 한 번 해봤다고 해서, 혹은 한 번 달성했다고 해서 안심하지 말고 반복적으로 계속해서 자신의 역량으로 만들고, 그 속에서 자신의 미진함과 부족함을 채울 새로운 대안을 지속적으로 깨달아야 한다.

지금까지 내가 한 말은 어떻게 보면 모두 '당연한 말'이다. 그러나 당연하다고 해서 가볍게 여기고 지나칠 문제는 아니다. 목표를 달성한 사람들은 그 당연한 것들을 당연하게 실행으로 옮겨서 성공한 것이다.

누구에게든 자신이 이뤄야 할 목표가 있게 마련이다. 크든 작든, 그 목표는 반드시 달성되어야 한다. 목표는 고객의 니즈와 원츠를 반영하고 자신이 존재해야 하는 이유를 나타낸 것이기 때문이다. 그러니 무조건 일을 많이 하겠다는 결심을 하기 전에, 제대로 목표를 조준해 제때 실행하겠다고 생각하는 것이 핵심이다.

다른 사람들의 장단에 휘둘리다, 혹은 과거에 얽매이느라 후회만 반복하는 삶이 아니라, 마음껏 자신의 역량을 발휘함으로써 원하는 목표를 꼭 이루고야 마는 주체적인 사람이 되기를 바란다.

_류랑도

✔ 목표를 정조준하기 위한 진단 체크리스트

'진단내용'을 읽고 본인에게 해당되는 정도를 1~5까지의 점수로 매깁니다.
전혀 아니다 **1점**, 아니다 **2점**, 보통 **3점**, 그렇다 **4점**, 매우 그렇다 **5점**

번호	진단내용	전혀 아니다 1점	아니다 2점	보통 3점	그렇다 4점	매우 그렇다 5점
1	나는 목표에 대한 조감도를 명확히 그리고 있으며, 이를 통해 어떤 가치를 제공하게 되는지 알고 있다.	☐	☐	☐	☐	☐
2	나는 역량수준을 분석하여 상위조직에서 요구하는 목표수준을 설정한다.	☐	☐	☐	☐	☐
3	나는 미래에 달성하고자 하는 목표를 기준으로 현재의 목표를 설정한다.	☐	☐	☐	☐	☐
4	나는 목표를 단순히 1/n로 동일하게 나누지 않고 전략적 타깃을 기준으로 인수분해하여 설정한다.	☐	☐	☐	☐	☐
5	나는 목표를 설정할 때, 상위조직의 목표달성에 기여하는 취지의 공헌목표도 고려한다.	☐	☐	☐	☐	☐
6	나는 리더로서의 성과책임과 역할을 이해하고 구성원들에게 목표를 부여하고 수립된 전략을 코칭한다.	☐	☐	☐	☐	☐

번호	진단내용	전혀 아니다 1점	아니다 2점	보통 3점	그렇다 4점	매우 그렇다 5점
7	나는 달성해야 할 목표기준의 상태와 조건, 구성요소, 비중 등 측정방법과 범위를 수치로 표현하며, 구성원들도 이에 공감하고 있다.	☐	☐	☐	☐	☐
8	나는 내가 통제할 수 있는 범위 내에서 의지를 가지고 실행할 수 있는 목표수준을 설정한다.	☐	☐	☐	☐	☐
9	나는 현재목표를 설정할 때 외부환경과 내부역량을 분석하여 결정한다.	☐	☐	☐	☐	☐
10	나는 목표설정을 할 때, 상위조직의 전략적 타깃을 고려하여 전략을 수립하고 합의한다.	☐	☐	☐	☐	☐
11	(지원부서일 경우) 나는 회사 가치창출의 전략적 파트너로서, 사업부서가 원활히 성과를 창출할 수 있도록 최적의 자원을 지원, 배분하고 고객접점 부서를 만족시키려 노력한다.	☐	☐	☐	☐	☐
12	나는 상위조직에서 부여받은 목표를 달성하기 위해 전략을 수립하고, 이를 실행하기 위한 자원을 미리 요청한다.	☐	☐	☐	☐	☐

번호	진단내용	전혀 아니다 1점	아니다 2점	보통 3점	그렇다 4점	매우 그렇다 5점
13	나는 내가 세운 목표의 핵심타깃을 리더와 동료들에게 설명할 수 있다.	☐	☐	☐	☐	☐
14	나는 목표의 상태, 조건, 배경 등을 고려해 이후 실행에 필요한 자원을 염두에 두고 목표수준을 결정한다.	☐	☐	☐	☐	☐
15	나는 연간목표를 일상목표와 연계하여 일의 우선순위를 정하고, 각각의 목표가 중복되거나 빠지지 않게 쪼개어 관리한다.	☐	☐	☐	☐	☐
16	나는 전략목표와 본연목표, 단기목표와 장기목표, 선행목표와 후행목표 간의 균형을 유지하고 있다.	☐	☐	☐	☐	☐
17	나는 회사 성과를 높이기 위해 선행부서와 후행부서의 역할에 따른 니즈와 원츠를 수시로 파악하고, 이를 충족시키기 위한 목표를 수립한다.	☐	☐	☐	☐	☐
18	나는 내 성과책임과 역할의 수준에 맞는 목표를 설정한다.	☐	☐	☐	☐	☐

○ 진단결과 집계표

번호	1	2	3	4	5	6
점수						
번호	7	8	9	10	11	12
점수						
번호	13	14	15	16	17	18
점수						
항목 별 점수	( )점	( )점	( )점	( )점	( )점	( )점
항목	조감도	까치발	역계산	캐스케이딩	악어새	오케스트라

합계 점수 ( )점

○ 항목 별 진단수준 구간

(각 항목 15점 만점 기준)

구분	상	중	하
점수 구간	12~15점	9~11점	9점 미만

○ 구간

(총 90점 만점 기준)

구분	상	중	하
점수 구간	72~90점	54~71점	54점 미만

제대로 시켜라
류랑도 지음 | 15,000원

대한민국 최고의 성과창출 전문가인 류랑도 대표가 말하는 성과코칭의 모든 것! 목표를 주지시키고, 일을 배분하고, 스스로 일하게 하는 방안이 7단계 로드맵으로 생생하게 펼쳐진다. (추천 : CEO, 임원, 본부장, 팀장, 지점장, 파트장, 사수… 누군가에게 일을 시키는 모든 리더들을 위한 책)

일을 했으면 성과를 내라
류랑도 지음 | 14,000원

성과의 핵심은 오지지 자신의 역량뿐! 이 책은 누구도 세세히 일러주지 않은 일의 전략과 방법론을 알려줌으로써, 어디서든 '일 잘하는 사람, 성과를 기대해도 좋은 사람' 이란 평가를 받게끔 이끌어준다. (추천 : 사회초년생과 그들을 코칭하는 리더, 그리고 역량을 배가하고자 하는 모든 직장인들을 위한 책)

하이퍼포머 리더
류랑도 지음 | 15,000원

성과를 높이고자 하는 대한민국 중간경영자들에게 '하이퍼포머 리더' 들의 성과경영 전략을 알려준다. 그 핵심은 '목표에 의한 자율책임경영'. 저자는 '잔소리' 대신 '성과목표' 를 통해 팀을 움직이는 구체적인 프로세스를 보여준다. (추천 : 경쟁력 넘치는 기업경영을 이끄는 든든한 '허리' 들을 위한 책)

하이퍼포머 팀장 매뉴얼
류랑도 지음 | 35,000원

당신을 유능한 팀장, 지혜로운 코치, 존경받는 멘토로 만들어 줄 '성과경영' 의 교과서! 258개의 도표와 양식, 차트 등, 성과중심의 팀경영에 필요한 방법론과 소프트웨어와 툴이 한 손에 잡힌다. 대한민국 최초의 '성과경영을 위한 팀장 코칭 매뉴얼'. (추천 : 성과관리와 팀원관리를 해야 하는 리더들의 필독서)

혼·창·통 : 당신은 이 셋을 가졌는가?
이지훈 지음 | 14,000원

세계 최고의 경영대가, CEO들이 말하는 성공의 3가지 道, '혼(魂), 창(創), 통(通)'! 조선일보 위클리비즈 편집장이자 경제학 박사인 저자가 3년간의 심층 취재를 토대로, 대가들의 황금 같은 메시지를 본인의 식견과 통찰력으로 풀어냈다. (추천 : 삶과 조직 경영에 있어 근원적인 해법을 찾는 모든 사람)

오리진이 되라
강신장 지음 | 14,000원

더 나은 것이 아니라, 세상에 없는 것을 만들어라! '오리진'이 되어 운명을 바꿔라! CEO들을 창조의 바다로 안내한 강신장이 말하는, 세상에서 가장 맛있는 창조 이야기. 이제 세상을 다르게 보는 길이 열린다! (추천 : 읽기만 해도 창조의 영감이 솟아오르는 텍스트를 기다려온 모든 이들을 위한 책)

우리는 강한 리더를 원한다
김성회 지음 | 15,000원

당신도 혹시 '착한 리더' 콤플렉스에 빠져 있지는 않은가? 그러나 부드러움만으로는 성과를 내지도, 부하를 키우지도 못한다. 부하를 쥐지도 말고 펴지도 말고, 쥐락펴락하라. 상황에 맞춰 팔색조가 되어 성과를 내는 '강한 리더'의 필승 지침! (추천 : '성과'와 '직원'을 모두 키우고 싶은 리더들을 위한 책)

이기는 습관 1, 2
1편 동사형 조직으로 거듭나라 | 전옥표 지음 | 12,000원
2편 평균의 함정을 뛰어넘어라 | 김진동 지음 | 12,000원

'총알 같은 실행력과 귀신 같은 전략'으로 뭉친 1등 조직의 비결과 실천적인 지침을 담았다. 1편에서 고객 중심의 실행력과 조직력을 설명했다면, 2편에서는 원칙과 기본기에 충실히 임하여 이기는 기업으로 우뚝 설 수 있는 방법을 제시한다.

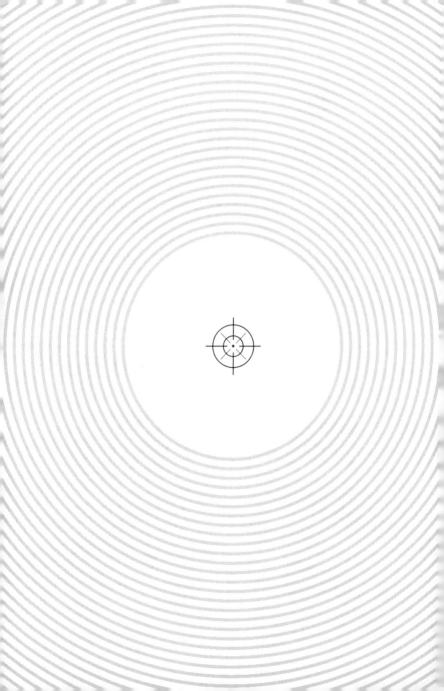